うつくしい
魔法の世界

占星術、タロット、魔女の儀式から
多神教の祝祭まで

カルロッタ・サントス　著

シカ・マッケンジー　訳

SE
SHOEISHA

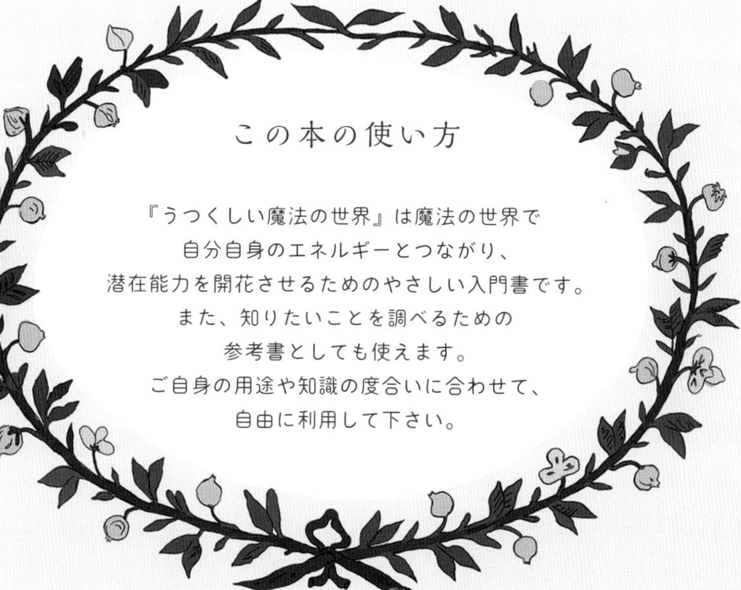

この本の使い方

『うつくしい魔法の世界』は魔法の世界で
自分自身のエネルギーとつながり、
潜在能力を開花させるためのやさしい入門書です。
また、知りたいことを調べるための
参考書としても使えます。
ご自身の用途や知識の度合いに合わせて、
自由に利用して下さい。

Indice 目次

8. 占星術を魔法に使う …… 117

9. ディヴィネーション（占い） …… 143

10. 魔法のレシピと儀式 …… 179

1. 基本のコンセプト

魔法や魔術とは人生に望むことを実現させるエネルギーであり、
私たち１人ひとりが持っている力です。
自分を大切にし、人生をいっそう充実させ、
意識をさらに高めるためのものでもあります。
魔術にはいくつかの種類があります。

白魔術

白魔術は善良な意図でなされます。他者のエネルギーに介入せず、自分自身のエネルギーを動かすために使われます。

黒魔術

黒魔術は他者のエネルギーに介入します。誰かに危害を加えるために用いたり、誰かに黒魔術をかけられている場合に自分を防御するために用いたりします。黒魔術の使用を正当化してよいのは後者の場合だけでしょう。呪文や邪視（悪意を持って相手を睨みつけること）、なんらかのものを組み合わせる行為などは黒魔術になり得ます。どのような意図でなされるかが問題であり、その点では白魔術も黒魔術も結局は同じだという考えもあります。

赤魔術

赤魔術は古代の儀式を用いた非常に複雑な呪術のようなものや、性的なエネルギーにまつわる魔法を指します。

緑魔術

歴史的に最も古い魔術の１つです。いろいろな植物などの自然物に親しみ、大切にし、魔術の実践に取り入れます。

青魔術

水のエレメント（要素）を用いる魔術です。

ピンク魔術

赤魔術と似たものですが、よりソフトです。やさしい形で恋愛面に働きかけます。恋のおまじないをピンク魔術とする文化もあれば、白魔術の一環として捉える文化もあります。

魔女

「魔女」とは魔法を使う女性を指します。歴史を振り返ると、過去にはネガティブな意味合いが与えられたこともあり、ぜひ見直しておきたい言葉です。例えば、1970年代の女性解放運動をきっかけに、魔女は「見えないバリアを撤廃する女性たち」を指す言葉となりました。当時の男性たちが脅威だとみなすようなパワーと自由を、多くの女性たちが獲得したのです。いろいろな見方がありますが、あなたが魔法を使うからといって、魔女になる必要はありません。

儀式

儀式とは何かについてはいろいろな定義がありますが、「人生の目標を静かに振り返り、エネルギーを動かしたり生み出そうとしたりする時間」だと私は捉えています。ちょっとしたおまじないのようなものから複雑な儀式まで、やり方はさまざまです。1つのポイントは、いろいろなエレメントや道具を使うこと。また、何よりも大切なのは、どんな意図でそれをするのかをはっきりとさせ、あなたの直感を信じることです。

意図

意図は儀式にとって最も重要な部分です。どんなに高価な道具を使ったとしても、はっきりとした意図がなければ儀式は効力を生みません。意図を設定するためには心をしずめ、マインドをすっきりとさせ、儀式やおまじないで達成したいゴールを設定します。直感を研ぎ澄ませて霊性とつながることも必要です（これを「第3の目を開く」と呼ぶ人々もいます。物質的な形のない領域のリアリティとのつながりを持つことです）。

直感

直感力が表れるのは、自己の霊性とつながり、自分の判断を信じるときです。それは内面から生まれる声のようなもので、形では表せず、理屈にも合わないものですから、普段は無意識にシャットダウンされがちです。その内なる声に耳を傾ければ貴重な情報が得られます。

才能

魔法の世界に特別な才能は必要ありません。自分の霊性とつながって自己の探求の旅を始め、肉眼では見えないものを明かそうとする気持ちがあればじゅうぶんです。つまり、好奇心を発揮すればよいのです。

魔法は自由
あなたが納得できるものを選ぶ

魔法にはルールがほとんどなく、多くの流派が存在します。
ですから、あなた自身が直感的に、
いいなと感じるものを選んで下さい。

キャンドルに火を点ける、タロットカードの絵を眺める、おまじないをする、満月の夜にお月見をする、夏至や冬至に友達と小さなイベントをするといったシンプルな行為でも、すでにエネルギーが動いて魔法を実践していることになります。はっきりとした意図を設定し、自信を持って意識的に実行すれば、願い事や言葉や意図に宿るパワーが実感でき、「魔法のようなもの」の潜在能力が存分に引き出せます。

「ルールはほとんどない」とお伝えしましたが、その代わりに、心に留めておきたいことが３つあります。

- 儀式などの実践は願望実現のために行う。
- 自然や季節や月の満ち欠けを意識する。
- 意識を研ぎ澄ませ、自分のケアや整理整頓にエネルギーを注ぐ。

過去の問題を癒やす時間を設けて振り返り、あなたの魔法を誰かと分かち合えるなら、魔法は非常に強力なツールとなります。

それは楽しいことでもあります。失恋や離婚で落ち込んでいる友達を支えるために儀式をした後や、タロットカードを使って新たな視点から物事を眺めた後に感じる、おだやかですっきりとしたフィーリングが私は大好きです。直感を働かせて儀式やカード、道具などのエネルギーとのつながりを信じれば、びっくりするほど多くの変化を感じるでしょう。過去や未来を見通す力は、研ぎ澄まされた直感から生まれてくるものだと私は考えています。自己肯定感も上がり、夢や目標に向かって進む上でも役立ちます。

それだけでも、もうじゅうぶんだと思えるほどではないでしょうか？

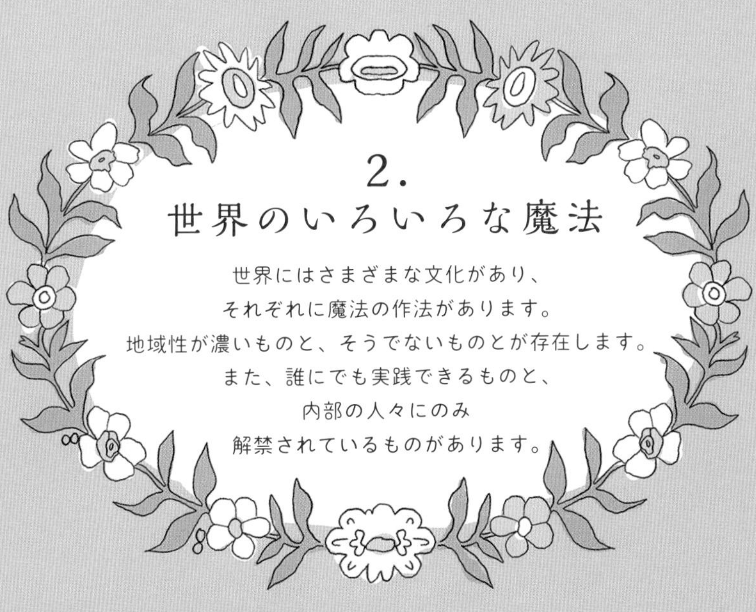

2.
世界のいろいろな魔法

世界にはさまざまな文化があり、
それぞれに魔法の作法があります。
地域性が濃いものと、そうでないものとが存在します。
また、誰にでも実践できるものと、
内部の人々にのみ
解禁されているものがあります。

クローズド・
プラクティス
その文化に属する人々だけが実践できる方式です。
ウィッカ
さまざまな信仰を包括する「ネオペイガニズム」が魔術と紐づいたものです。イングランドのジェラルド・ガードナーの活動により、20世紀前半に発展しました。
サンテリア
起源はアフリカです。奴隷として強制移住させられた人々が、自らの伝統をカモフラージュするためにカトリックの聖人を使って実践したことがはじまりです。近年、南米からの移民によってスペインにも伝えられています。
その他の
クローズド・
プラクティス
スラブ系の魔術、ロマの魔術、ポンバ・ギラ、シャーマンの魔術、ブードゥーなどがあります。

オープン・
プラクティス
誰でも実践可能な
方式です。
カバラ
カバラはユダヤ教にルーツがあります。儀式は非常に複雑です。伝統的なカバリストは「メクバル」と呼ばれます。
ケルト魔術
自然と緑魔術を重視します。スペインのガリシア州に伝わる「サン・フアンの祭り」もケルト魔術が由来となっており、薬草を混ぜた水で魔女から身を守ります。
文化的な要素
どの文化にも魔法
や魔術の伝統があ
ります。

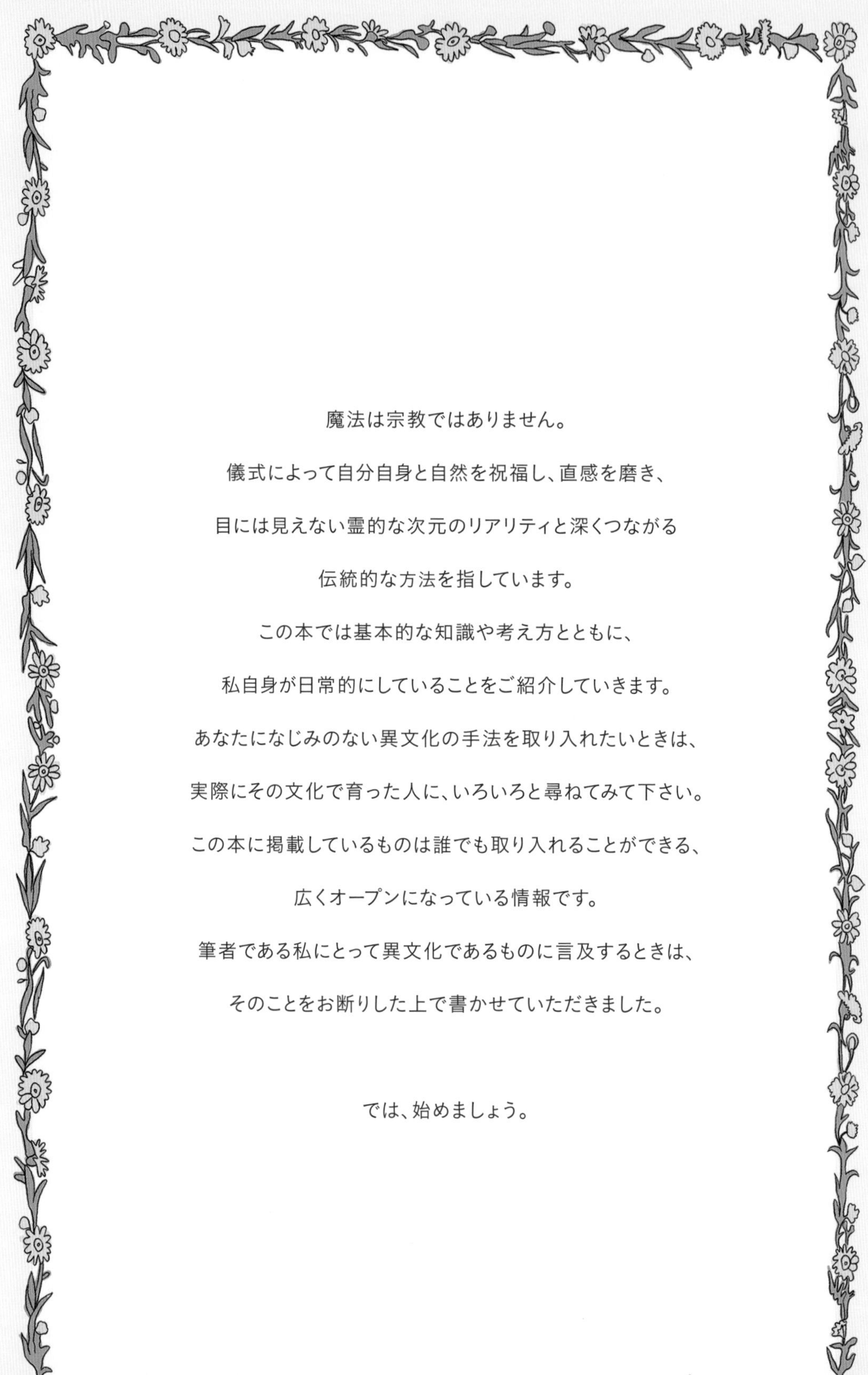

魔法は宗教ではありません。

儀式によって自分自身と自然を祝福し、直感を磨き、

目には見えない霊的な次元のリアリティと深くつながる

伝統的な方法を指しています。

この本では基本的な知識や考え方とともに、

私自身が日常的にしていることをご紹介していきます。

あなたになじみのない異文化の手法を取り入れたいときは、

実際にその文化で育った人に、いろいろと尋ねてみて下さい。

この本に掲載しているものは誰でも取り入れることができる、

広くオープンになっている情報です。

筆者である私にとって異文化であるものに言及するときは、

そのことをお断りした上で書かせていただきました。

では、始めましょう。

3. 魔法の空間をつくる

魔法の空間はあなたの個人的なスペースであり、「祭壇」とも呼ばれます。自己の内面とつながり、儀式（キャンドルやお香を焚くなど）をするための場です。使った後の石やタロットカードを置いておいたり、心を鎮める時間を過ごしたりする空間でもあります。

「魔法の空間」のつくり方

魔法の空間はあなたの寝室など、自宅の中のプライベートなエリアに設けて下さい。好きなものを付け加えて置いたり、省略したりするのは自由ですが、室内の決まった場所に維持し、他の用途で使わないようにしましょう。空間のエネルギーがよりパワフルになり、つながりが深まります。あなたにとって特別な意味を持つアイテムや、季節の変化に合わせたアイテムで空間を飾りましょう（P.81「7. 多神教の祝祭」をご覧下さい）。ここは儀式をする空間ですから、定期的にエネルギーの浄化をして下さい。不要なエネルギーの干渉がなくなり、ものごとが滞りなく運びます（この点については、気にし過ぎなくても大丈夫です）。儀式を保護する方法はたくさんあります。P.18「魔法の空間を保護する方法」を参考にして、お好みの方法を選んで下さい。

「魔法の空間」の保護

祭壇となる空間に好きなアイテムなどを置いて準備ができたら、プロテクション（保護）のための簡単な儀式をしましょう。祭壇の前に立ち、心の中で、あるいは声に出して次のように唱えます。

「これは私の神聖な空間。この空間を私自身に捧げます。自然とともに、そして魔法の実践で見つけたエレメントとともに、私は自分の直感と内なる力を大切にします」

その後、P.18 以降に挙げる保護の儀式を 1 つ選び、それによって空間を浄めます。

意図と「魔法の空間」のエレメントの活性化

祭壇に配置する 1 つひとつのエレメント（要素）はエネルギー的に浄化され、活性化され、意図が設定されていなくてはなりません。

まず、祭壇に置く物品（タロットカードや石、キャンドルなど）を手に持って浄化します（P.62「石を浄化する」を参考にして下さい）。次に、それを手に持ったまま、自分のエネルギーがその物品に伝わるように、しっかりと意図を集中させましょう。目的の達成に役立ちます。

祭壇のレイアウト

私の祭壇の基本的なレイアウトの絵を、下に描いてみました（状況に応じて何かを追加することもよくあります）。中央のタロットカードは、その日のテーマとなるエネルギーを表すものや、意識したい課題を表すものを選んで置いています。このレイアウトに比べて、伝統的な「ウィッカ」の祭壇はやや複雑です。これらの物品をすべて揃える必要はありません。「これは何かな？」と首をかしげるものもあるでしょう（以後のページで１つずつ解説していきます）。あなたが必要だと感じるものを置き、自分流にアレンジして下さい。

ウィッカのレイアウト

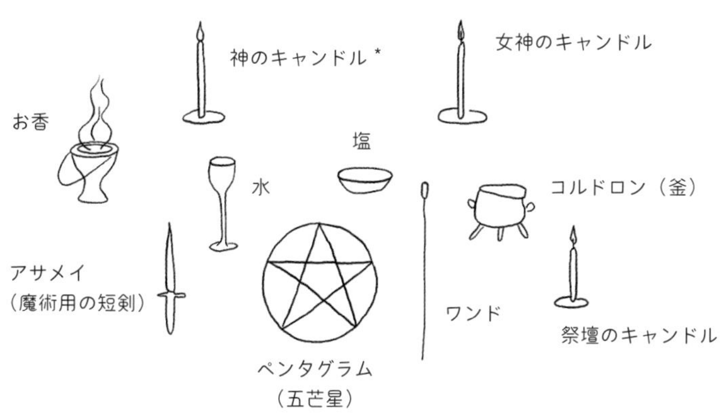

私のレイアウト

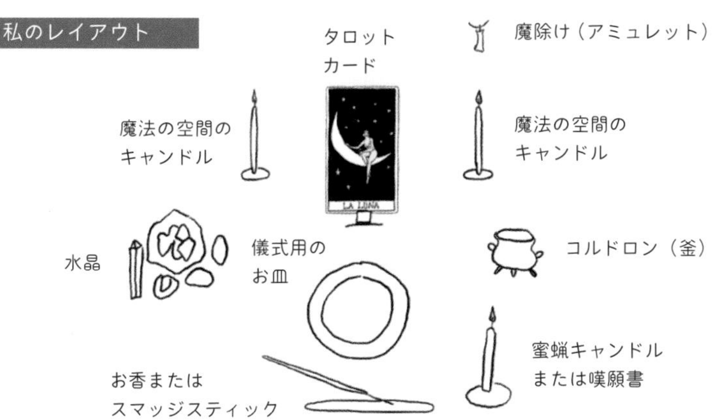

* ウィッカの神と女神はそれぞれ宇宙の男性的な、あるいは女性的なエネルギーを象徴します。私はウィッカを実践するウィッカンではありませんので、自分の空間には置いていません。

魔法の空間を保護する方法

魔除けのシンボル・アミュレット

魔法の空間ができたら、その空間を保護しましょう。最もシンプルな方法は、空間の上に魔除けのシンボルを置いたり描いたりすることです。

魔法で用いる主な保護のシンボルを下に挙げました（P.185「アミュレット」で詳しくご紹介します）。それぞれ独自の目的があり、どれも保護のエレメントとして働きます。

保護のシンボルを活性化するには、描くときに意図を思い浮かべます。物品を使う場合は、それを手に持つときに意図を思い浮かべましょう。月光が注ぐ所に置いてエネルギーをチャージすることもできます。

ペンタグラム（五芒星）

魔女にまつわるシンボルとして最もよく知られるものの１つです。ペンタグラムは地、水、風、火、精霊からなるあらゆるエレメントの融合を表します。

トリスケル（三脚紋）

トリスケルは肉体と精神と精霊のバランスと、永遠に続く学びのプロセスの象徴です。

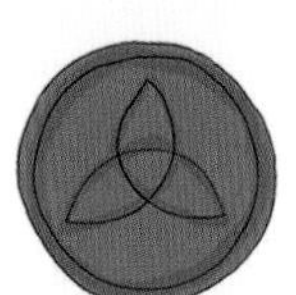

トリケトラ

トリケトラはケルトのシンボルで、女性的なパワーを表します。３つのパーツは「若さ」「成熟」「老成」といった、女性の年代を示しています。これは私が好きなシンボルの１つでもあります。トリケトラは各年代の素晴らしさと、融合が生み出すパワーを表しています。団結することにより、私たちみんながより強くなれるのです。このシンボルはギリシャの魔術の女神ヘカテにも関連しています。ヘカテはしばしば、３つの顔と３つの体を持つ女性として表現されます。

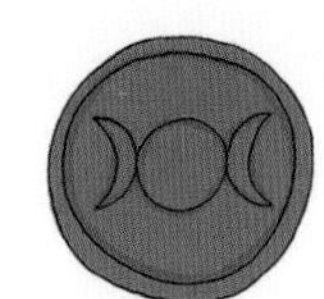

トリプルムーン

月の満ち欠けのサイクルと月経のサイクルを表すと同時に、トリケトラと同じく女性の年代も示します。女性の成長も満ちていく月から満月を経て、欠けていく月となることにたとえられています。

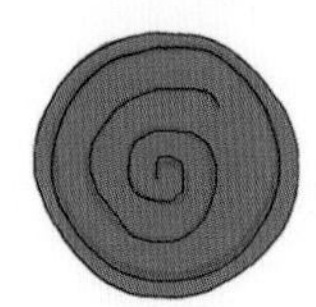

スパイラル

無限の自己認識と創造、自己実現と成長の旅の象徴です。

トリスケリオン

トリスケルと似た意味がありますが、さらにバランスの感覚が含まれます。3つのパーツ（精神、肉体、精霊）の間でバランスがとれていなければ、全体のバランスには到達できません。

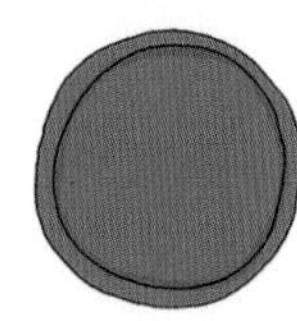

シジル

シジルはどんな目的にも用いることができるシンボルです（保護のシジルの描き方の一例を以下にご紹介します）。

1. シジルの意図を書きます（例：私の空間は保護される）。
2. 文の中の子音を抜き出します。
3. 抜き出した子音のアルファベットを自由に組み合わせて描きます。

MI ESPACIO ESTÁ PROTEGIDO

（私の空間は保護される）

MSPCSTPRTGD

魔法陣（防御円）を作る

魔法陣（防御円、プロテクション・サークル）とは、儀式の前に自分と魔法の空間の周囲に描く、空想上の円のことです。利き手の人差し指やワンド（杖）、アサメイ（短剣）、水晶などで円を描きます。儀式の場を囲む、安全な保護のエネルギーを思い浮かべて円を描きましょう。儀式をしている間は保護のエネルギーを破らないように、円の境界線をまたいだり越えたりしないよう気をつけて下さい。儀式が終わったら、閉じた円を開くところを思い描きましょう。

浄めの塩

小さな器にウィッチソルトもしくはブラックソルト（いろいろな塩の種類はP.180「ウィッチソルト」をご覧下さい）を入れて魔法の空間に置いて保護します。海塩も空間の保護に使えます。塩とムーンウォーターを混ぜたスプレーをまくこともできます（ムーンウォーターの作り方はP.140、プロテクション・スプレーのレシピはP.182をご覧下さい）。必要だと感じたときに、祭壇にもふりかけて下さい。

ソルト・サークル（塩の円）を描く

ソルト・サークルは儀式の保護にも使えます。キャンドルや儀式の周囲に浄めの塩をまいて囲むのです。塩の円は、多くの儀式では必要ありません。

保護のキャンドルを灯す

私が好きな方法の1つです。黒または白のキャンドルを使ってもよいですし、自作の保護用キャンドルを使ってもかまいません（自然素材を使った手作りキャンドルはP.29をご覧下さい）。魔法の空間の保護に使えるお香や石、スマッジスティック（P.58をご覧下さい）もあります。

道具

グリモワール

グリモワールとは「魔法の書物」です。ノートを用意し、あなたの発見や気づきを書き留めましょう。大切に保管したい記録ですから、ノートはぜひ、きれいなものを選んで下さい。経年劣化しにくい、上質な紙のノートが望ましいです。私のグリモワールの中の一部分は、実用的なガイドになるよう編集してこの本に収めてあります。似たような書物に「ブック・オブ・シャドウズ（影の書）」というものがありますが、自分のためだけに書く個人的な性質が強いです。

グリモワールに書き留める内容の例は、次の通りです。

- タロット
- 占星術
- キャンドルの色の意味
- 夢日記
- いろいろな植物の作用
- 儀式

天体の運行状況に合わせて儀式をし、よいタイミングで願望が成就できるよう、カレンダーや天体暦も手元に置いて、いつでも見られるようにしましょう。占星術のおおまかな知識を身につけ、月の満ち欠けの相を記録するのもお勧めです。

マジックワンド
（パワーワンド）

マジックワンド（魔法の杖）と聞けば「ハリー・ポッター」シリーズに出てくる何かのように思えますが、ワンドは道具であり、エネルギーの流れを促します。ワンドを使って魔法陣の円を描くのも、その一例です。自分で手作りするか、市販のものを購入しましょう。

マジックワンドの材料と作り方

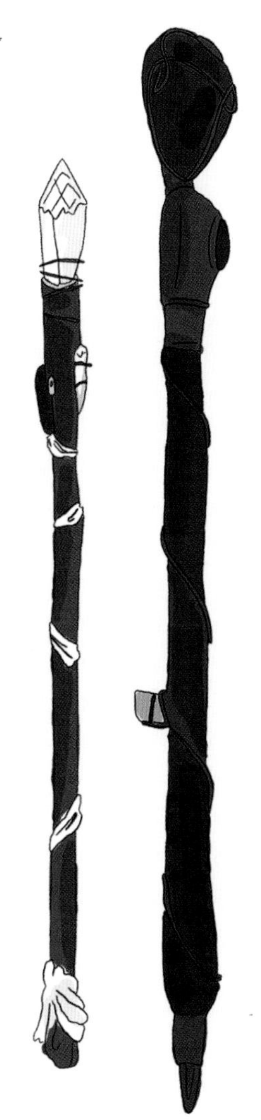

- 木の枝。山林や庭を散歩して、10cm～30cm程度の長さの枝が落ちているか探します。あなたにとって「これだ」と感じられるものを拾い、自然界に対して使用の許可をお願いします。
- 先端に付ける、小さなクォーツ。ローズクォーツやアメジスト、セレナイトなど、あなたにとってよいと感じる鉱物を使って下さい。P.66「石の種類」にいろいろな石の意味をご紹介していますので、参考にして下さい。
- 天然の木綿糸か、針金。石に巻き付け、先端に固定します。
- ナイフか短剣と、塗料（あってもなくても可）。
- 羽根や植物などを使って装飾してもかまいません。

手順

ワンドの装飾が終わったら神聖なものとして扱い、他の新しい道具と同じようにチャージします（チャージの仕方についてはP.63をご覧下さい）。

アサメイ（短剣）

アサメイとは儀式用の短剣です。魔法の実践を目的としたナイフ類を指します。アサメイは主に、儀式に必要な呪文やシンボルをキャンドルの蝋に刻む際に使います。私はエポキシ樹脂や天然の花で装飾された短剣を愛用しています。アサメイは魔法の用具を扱う店で売られています。アサメイがなければ、先の尖ったピンなどを使ってキャンドルに刻印をして下さい。

コルドロン（釜、香炉）

コルドロンは魔女の道具の中で最も特徴的なものであり、ハーブやお香を焚くのに使いますが、耐熱容器で代用も可能です。お香を立てておくインセンス・ホルダーを入手するとよいでしょう。

乳鉢

乳鉢は、魔法のさまざまなレシピに合わせ、ハーブとその他のエレメントを混ぜ合わせる際に使います。

キャンドルホルダーとお皿

キャンドルホルダーは好みのものを使うとよいですが、儀式用のお皿は白にするのが伝統的です。デザート用の普通のお皿でもかまいませんが、そのお皿は魔法の用途だけに使うようにして下さい。

マッチ

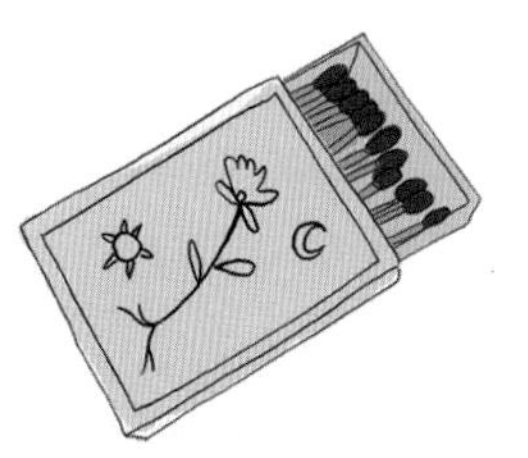

私は魔法の空間にいつもマッチを置いています。キャンドルを灯すのにライターを使ってもよいですが、マッチで火をつけるか別のキャンドルの火をうつすほうが火のエレメントを大切にでき、伝統的にもふさわしいです。

ジャー（広口瓶）、ミニジャー、ボトル

ジャーやボトルは魔法に用いる素材の作成や、いろいろなものをミックスした液体や固体の保存に使います。透明なガラス製がベストですが、すりガラス状のものでもかまいません。

棚やラック

祭壇のレイアウトは自由ですが、魔法の空間にふさわしい棚やラックを手作りする人もいます。棚があれば、その日のタロットカードを飾るのに便利です。棚やラックはリサイクル素材や環境にやさしい木材などが理想的です。

キャンドル

キャンドルの色と意味

白
どんな儀式にも使える万能な色とされています。特定の色のものがない場合には、白いキャンドルで代用できます。純粋さや純潔さ、楽観主義、浄化と関連します。

ブルー
変換、忠誠、変容、進展

グリーン
豊かさ、経済、金銭、希望、幸運、安定

オレンジ
平和、起業、よろこび

イエロー
改革、コミュニケーション、創造

黒
エネルギーの浄化、ネガティブなエネルギーのターニング（P.190）やプロテクション

赤
強さ、勇気、活性化、情熱、愛、セックス

ピンク
恋愛、やさしさ、友情、繊細さ

ブラウン
プロジェクトの統合、仕事、安定

ゴールド
成功、経済、豊かさ、繁栄

紫
霊性、神託、精神のおだやかさ。紫のキャンドルは通常、タロットリーディングのときに灯します。

いろいろな形のキャンドル

スタンダード・キャンドル

スタンダード・キャンドルは儀式に使う標準的なものです。オーガニックの蜜蝋や遺伝子組み換えでない大豆ワックスのものがベストです。市販品を購入するか、オーガニック・コットンの芯とワックスで手作りもできます。

持続時間：1 時間半〜 2 時間

スモール・キャンドル

スモール・キャンドルはスタンダード・キャンドルと同じように使えます。短時間の儀式や、時間があまりないときに役立ちます。

持続時間：20 分〜 40 分

ティーライト・キャンドル

ティーライト・キャンドルは使い捨てのアルミ容器に入った小さなキャンドルです。灯す時間は短く、安価です。

持続時間：30 分〜 1 時間

蜜蝋キャンドル

蜜蝋キャンドルはミツバチの巣でできています。スライスした蜜蝋を使って手作りすることもできますし、市販品を購入してもかまいません。蜜蝋キャンドルは愛の儀式にぴったりです。その他の例として、私が月に 2 回行っている儀式をご紹介しましょう。毎月 11 日と 22 日に蜜蝋キャンドルを灯し、自分が受け取るのにふさわしいものすべてを宇宙がもたらしてくれるのを待ち、瞑想します。11 と 22 は豊かなエネルギーを持つマスターナンバーです。

持続時間：20 分〜 1 時間（サイズにより異なります）

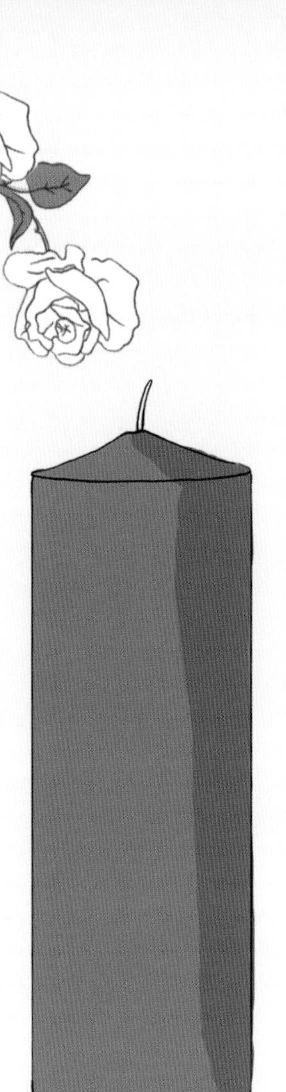

スタンダード・ピラー・キャンドル

ピラー（円柱形）キャンドルは長時間にわたって複雑な儀式を行うときによく使われます。専門店などで取り扱われていますが、型を用意してさまざまな植物やエッセンシャルオイルを加え、手作りすることも可能です。キャンドルが燃えている間は、その場を離れないようにして下さい。ピラー・キャンドルは燃え尽きるまでに数日間かかることもあります。

持続時間：12 時間～ 72 時間

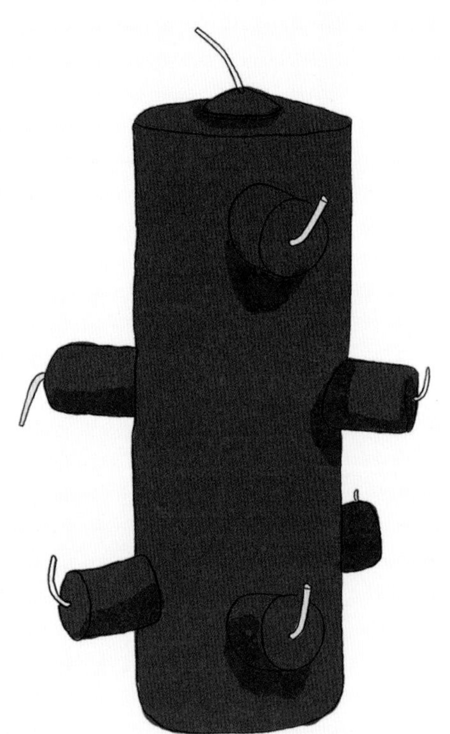

セブン・ウィック・ピラーキャンドル

たいへんパワフルなキャンドルです。下から上まで火を灯します。浄化の儀式や、誰かに悪意を向けられている場合の破壊の魔法のワークに用いられます。このタイプのキャンドルは多くのエネルギーを引き起こし、燃え残りの解釈が重要視されます。

持続時間：1 時間～ 20 時間（大きな差があります）

ジャーキャンドル

自然素材を使い自分だけの手作りキャンドルを

ジャータイプのキャンドルは、いろいろな用途に合わせて応用ができるため、私も愛用しています。好みに合わせて自由にカスタマイズできるだけでなく、これまでにご紹介してきたキャンドルとは異なり、好きなときに火を消して、また後で灯すこともできます（消火の際は手であおぐか、キャンドルスナッファー〔キャンドル用の火消し〕を火にかぶせて下さい）。

ただし、儀式をしている間は火を消さないでおくのがベストです。キャンドルの火が自然に消えるまで待ちましょう。火が完全に消えるまで、キャンドルのそばを離れないようにして下さい。

自然のエレメントを使ってキャンドルを手作りしてみましょう。材料は天然の蜜蝋か、遺伝子組み換えでない大豆由来のソイワックスを使って下さい。芯はウッドウィック（木材でできた芯）がベストです。容器は好みの形の新品を購入するか、家にあるガラス容器を再利用して下さい。

溶かした蝋にスパイスやエッセンシャルオイルを加え、キラキラした輝きを添えるグリッターも混ぜ入れることができます。石やドライプラント（乾燥させた植物）、シナモンなどを入れて、キャンドルの意図を高めることも可能です。

キャンドルの意図を高めるエレメントを選ぶには、P.66「石の種類」やP.36からのいろいろな植物の紹介を参考にして下さい。

キャンドルを灯すのに最もよいタイミングを選ぶには、P.120「おまじないに適した曜日と時間」の一覧表を参考にして下さい。

キャンドルの飾り方

キャンドルを飾るには、いろいろなハーブや鉱石、エッセンシャルオイルなどを平らな面にアレンジして用意しておき、飾りたいキャンドルを別のキャンドルの火を使って少しあたため、アレンジしたものを表面に流し入れます。

キャンドルの炎の解釈

キャンドルの炎の燃え方によって、
儀式のエネルギーがどのように流れているかを
読み取ることができます。

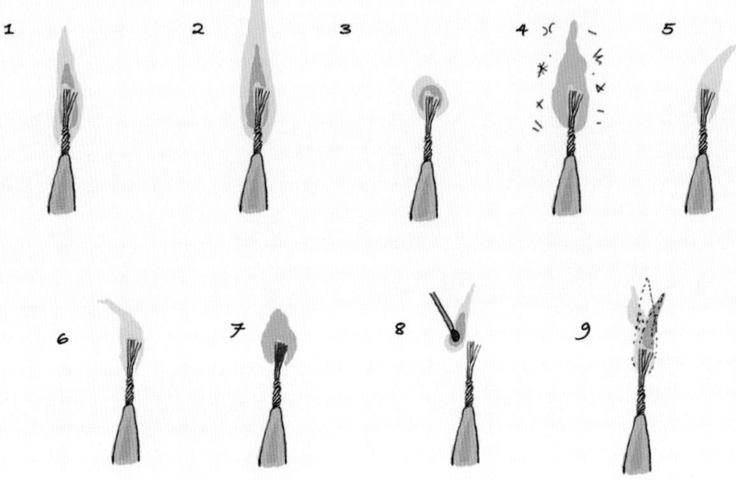

1. **ほどよい大きさの炎**：儀式はうまく進んでいます。外的なエネルギーに邪魔をされていない状態です。
2. **高く燃え上がる炎**:儀式は成功するでしょう。でも、忍耐が必要です。
3. **弱々しく燃える炎**：意図がはっきりしていません。あなたに疑いの心があるか、儀式を成功させる自信がない状態です。
4. **音を立てて、火花を散らしながら燃える炎**：儀式を邪魔するエネルギーまたはエンティティ（存在）がいます。その存在は、わけもなくネガティブになっています。
5. **右に傾く炎**：結果は予想よりも早く出るかもしれません。外的なエネルギーが儀式に影響を及ぼしている可能性もあります。
6. **左に傾く炎**：過去からのエネルギーが儀式を妨げている可能性があります。
7. **炎が消えてしまう**：意図がはっきりしていません。
8. **なかなか火がつかない**：エネルギーの浄化が必要です。または、儀式をするタイミングではないかもしれません。
9. **ゆらめくように動く炎**：儀式に合わないエネルギーが介入している可能性があります。または、意図がはっきりしていません。

溶けた蝋の解釈

キャンドルの蝋が溶けた状態を見れば、
儀式がどのように進み、どんなエネルギーがそこにあるかを
読み取ることができます。

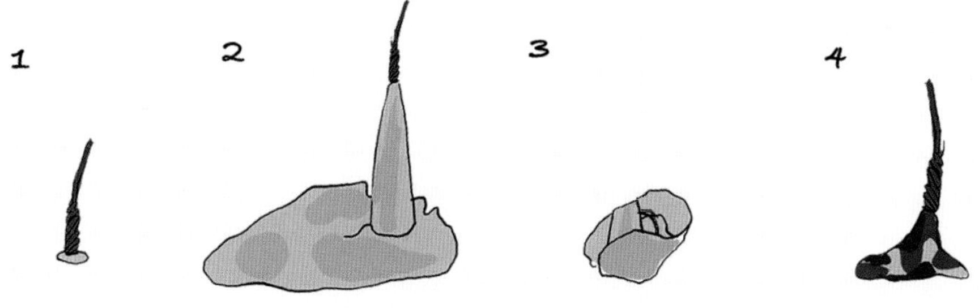

1. **キャンドルが完全に溶けて消えている：**儀式は成功です。
2. **炎が途中で消えたために、蝋が残っている：**結果は出るかもしれませんが、困難に遭遇するでしょう。
3. **キャンドルの内側に向かって蝋が溶け、上の部分を塞いでいる：**儀式は効果を生まないかもしれません。あるいは、あなたが不安になり過ぎていて、結果を出したいと焦っている可能性があります。
4. **煤が多く、溶けて残った部分が暗い色になっている：**環境にあるエネルギーが過剰なのかもしれません。浄化をお勧めします。

溶けたキャンドルを観察して占う「セロマンシー（キャンドル占い）」では、蝋によってできた形を考慮に入れます。それができるようになるには、形を理屈に当てはめて考えようとせず、直感に従うことが必要です。深く考えずに、最初に見えたものを書き留めて下さい。また、どんな感覚やフィーリングを感じているかも意識しましょう。見えた形が嫌いだと感じたり、よい気分がしなかったりしたときは、その感覚を信じて下さい。逆に、儀式がうまくいったと感じるときは、自分の判断を信じましょう。

溶けたキャンドルの蝋の形の読み取り方として、
よくある例をご紹介します
（ただし、あなたの直感を大切にすることを忘れずにいて下さい）。

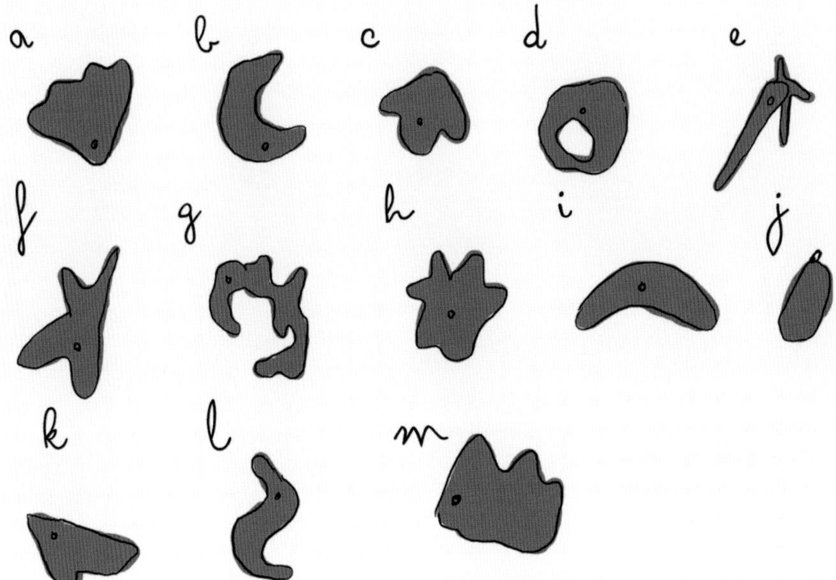

a. **扇**：可能性とサプライズ

b. **月**：心配事、健康や幸福に関する問題

c. **ハチ**：幸運、よいスタート

d. **指輪**：よい経済状態、コミットメント

e. **針**：危険

f. **ハサミ**：分離、別れ、恋の病

g. **鎖**：長く続く関係

h. **太陽または星**：幸運

i. **橋**：スタートを切るべき、またはリスクを冒すべき時期

j. **キャンドル**：霊的な部分とのつながり

k. **飛行機**：旅行、変化、サプライズ

l. **ヘビ**：裏切りや落胆の可能性

m. **山**：障害と共に強さも表す

4.
ハーバリウム
（植物標本集）

魔法に使う植物

- 魔法のためのガーデニング
- ハーブの使い方
- 毒がある植物
- 朝の紅茶やコーヒーで魔法を使う
- インフュージョンの材料
- スマッジスティック
- エッセンシャルオイル（精油）

魔法のためのガーデニング

ハーバリウム

儀式の力を高めるには、ハーブや植物に親しんでおくことが大切です。魔法のためのガーデニングの一環として、あなたが好きな植物を育ててみることができれば最高です。好きな植物なら世話をしたくなりますし、植物とのつながりも持てます。「植物に話しかけると発育状態がよくなり、頑丈に育つ」という話をお聞きになったことはありませんか？ 魔法の世界では植物を元気づけることと、共にワークができるように使わせてもらえるよう、植物と自然界全体にお願いすることが重視されています。植物を魔法に使う際は、摘みたてのものでも乾燥させたものでもOKです。植物を育てるスペースがない場合は、ハーブのお店などで乾燥植物を買い、あなたのエネルギーを移して使って下さい。魔法で使う植物はP.36からご紹介します。

植物を乾燥させるには：まず、生えている植物に許可をもらい、切らせてもらいます。切った植物をペーパータオルか布の上に置き、水分を蒸発させます。次に、茎の部分を天然の枝に結びつけ、乾燥した場所で逆さに吊るしておきます。乾燥までの所要時間は植物の種類によって多少の差がありますから、時折、状態をチェックして下さい。乾燥したらガラス製の容器に入れてラベルを貼り、保管しましょう。乳鉢ですりつぶし、お香やバスソルト、キャンドルの材料に混ぜて使用します。

ハーブの使い方

魔法の空間の装飾に

乾燥させたハーブや生のハーブは祭壇や魔法の空間に飾ることができます。季節ごとの祝祭に合う植物やエレメントを選ぶには「7. 多神教の祝祭」（P.81～P.116）を参考にして下さい。

お香として

お香といえばスティック型やコーン型が一般的ですが、乾燥させたハーブもホルダーや香炉でお香として焚けます。安全に燃やせる容器とマッチを用意し、換気のよい場所で行いましょう。お香として焚く場合は、生のハーブは使わないようにして下さい。乾燥させたハーブを乳鉢ですりつぶしたものか、そのままの形のものに火をつけます（マッチで点火するのがお勧めです）。

インフュージョン（ハーブティー）として

自分で植物を用意する場合、その植物に毒性がないことを確認してから、お茶として飲用して下さい。それが難しければ、専門店で販売されている食用のものを購入しましょう。意図を設定して朝の紅茶やコーヒーで魔法を使うための方法をP.56～P.57でご紹介しています。

バスソルトとして

いろいろな塩と植物とエッセンシャルオイルを意図に合わせて調合し、リチュアルバス（儀式の入浴、浄めの沐浴）をする方法を「7. 多神教の祝祭」（P.81～P.116）の中でもご紹介しています。私のお気に入りは愛と自尊心を高める「自分を愛して魅力を高めるアフロディテのバスソルト」（P.186）です。

スマッジスティックとして

スマッジスティックとはハーブを束ねたもので、いろいろな用途に使います。吊るして乾燥させているハーブの束で自作できますし、既製品を買うこともできます。使用する植物はパロサントやシナモン、サンダルウッドなど、さまざまです。最も一般的なものを「スマッジスティック」（P.58）でまとめてありますので、ご覧下さい。

エッセンシャルオイルまたは濃縮エキスとして

使い方をまとめた「エッセンシャルオイル（精油）」（P.60）をご覧下さい。私は専門店で既製の精油を購入しています。

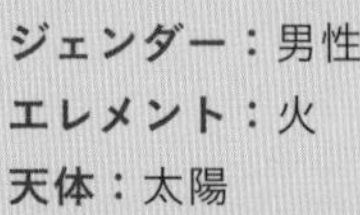

ローレル

ジェンダー：男性
エレメント：火
天体：太陽
原産地：地中海沿岸

作用：消化不良や片頭痛、ガスによる腹部膨満、風邪の症状の緩和

メモ：シチューに入れたローレルを独身女性のお皿に盛りつけ、恋人が見つかるおまじないとする文化があります。古代ローマではローレル（ローリエ、月桂樹）を勝者や皇帝の冠に飾ったと言われることから、成功のシンボルでもあります。

魔法における特質：古代からローレルには保護と浄化の力があると考えられてきました。ローレルはネガティブなエネルギーへの対策としても使われます。保護の儀式では、パロサントやホワイトセージの代わりとして優れています。富や幸運、成功との関連もあり、それらを願う儀式にも使います。家内安全のアミュレットとして、よく家のドアにかけておくこともあります。

儀式：新月の日に、シンプルな願い事（「平穏」や「愛」、「インスピレーション」など）を葉に書き、願いが叶うよう月に祈りながら燃やします。霊感を高めたい場合はローレルの葉を１枚、枕の下に置いておきましょう。家の中のエネルギーを浄化したいときは、ローレルの葉を燃やし、灰を窓から外へまいて下さい。

※訳注：P.36～P.54の魔法で使う植物の原産地について、原書・スペイン語版と英語版で異なる地域の記載があったものについては、英語版に記載されているものを「／」の後に追記しています。

Romero
ローズマリー

ジェンダー：男性
エレメント：火
天体：太陽、金星
原産地：地中海沿岸

作用：記憶力と睡眠を助ける。筋肉痛の緩和

メモ：古代ギリシャでは、学生たちがローズマリーの枝を頭部に飾り、記憶力を高めようとしました。

魔法における特質：ローズマリーは保護や愛情関係における幸運、友情、誠実さに関する儀式に使われます。

Amapola
ポピー

ジェンダー：女性
エレメント：水
天体：月
原産地：ユーラシア、北アフリカ

魔法における特質：ポピーは愛や夢、霊性、豊穣など、月にまつわるものと関わります。デメテルやアフロディテ、セレネ、ニクスなどの女神たちとも関連があります。

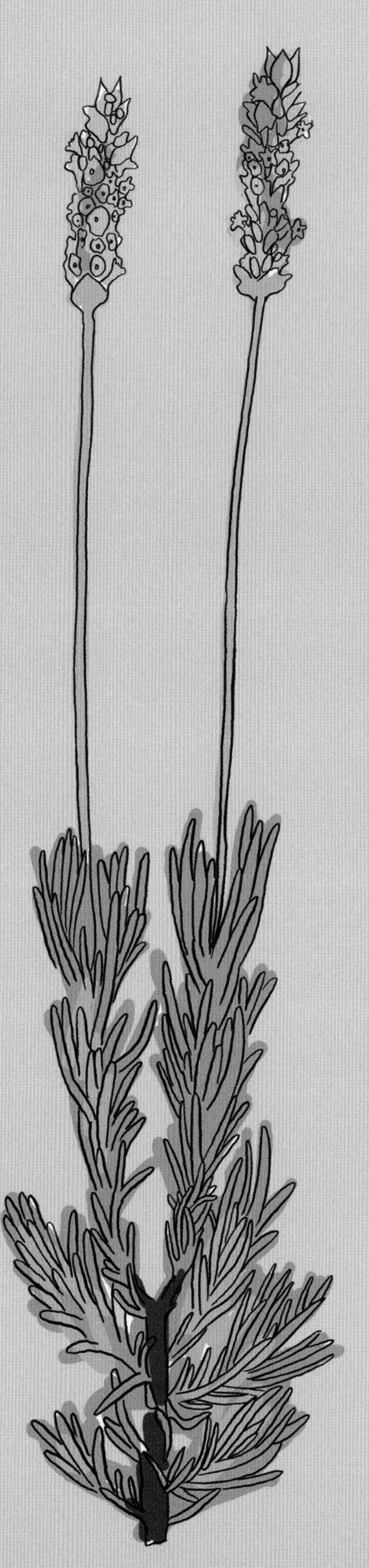

Lavanda

ラベンダー

ジェンダー：男性
エレメント：風
天体：水星
原産地：ヨーロッパ

作用：鎮痛、抗菌、消毒

魔法における特質：媚薬との関わりがあり、セックスや愛情、調和、幸福、精力、平穏、秘密にまつわる儀式に使われます。

私が好きな使用法の１つは、ラベンダーに塩を混ぜてリラックス効果のある入浴剤を作ることです。バスタイムに使うと滞りの解放と浄化に役立ちます。ラベンダーは自尊心を高める儀式にも使います（レシピはP.186「自分を愛して魅力を高めるアフロディテのバスソルト」をご覧下さい）。ラベンダーの用途は幅広く、入手が困難な植物の代用品として多くの儀式にも利用できます。

乾燥させたラベンダーを白い袋に入れて枕の下に置くと、安眠を促しポジティブなエネルギーを引き寄せることができます。保護する力も高く、恋愛運を上げたいときにもよく使われます。

Valeriana

バレリアン

ジェンダー：女性
エレメント：水
天体：金星
原産地：ヨーロッパとアジア

作用：鎮静、リラックス、頭痛の緩和

メモ：バレリアンの小枝をピンで洋服に付けておくと、魅力が高まると言われます。スペイン北部では、迷惑な訪問者を退散させるおまじないとして、バレリアンの小枝を窓辺に吊るします。

魔法における特質：バレリアンは美と保護の儀式に使われます。金星と、美の女神アフロディテとの関わりがありますから、自分自身の美しさに開眼したり、ありのままの自分を受け入れて幸福を感じたりするための儀式にとって重要な植物です。

Salvia Blanca

ホワイトセージ

ジェンダー：男性
エレメント：風
天体：木星
原産地：アメリカ／カリフォルニア南部とメキシコ

作用：鎮静とリラックス。自然療法で幅広く使われる

魔法における特質：ホワイトセージはスマッジスティックとしてよく見られます。浄化をはじめ、さまざまな儀式で最も広く使われています。

ホワイトセージとつながりが深い先住民族の中には、この植物を神聖なものと考える人々もいます。そのため、魔法のための用途として使うことは文化的に適切かどうかの議論があります。

浄化に使える植物はローズマリーやローレル、他の種類のセージなどがあります。どれを使うのがふさわしいのかは、先住民族の人々の意見に耳を傾けながら、きちんと意識して決めるのが最もよいでしょう。

儀式：手放したいこと（疑いの気持ちや不安など）を紙に書くか、それを絵として描き、その気持ちが少しずつ消えてなくなるまで毎晩セージの葉を燃やします。

スマッジスティック（ハーブ・バンドル）の作り方はP.58～P.59をご覧下さい。

Diente De León

ダンデライオン（タンポポ）

ジェンダー：女性
エレメント：水
天体：木星
原産地：ヨーロッパとアジア

作用：利尿、血圧を下げる、カビやバクテリアの殺菌

魔法における特質：ダンデライオンは妖精との関連があります。昔から、願い事をするときはダンデライオンに息を吹きかけるとよいと言われています。幸運や愛情、運命のための儀式に使われます。

Camomila

カモミール

ジェンダー：女性
エレメント：水
天体：太陽
原産地：ヨーロッパとアメリカ

作用：鎮静とリラックス。胃の不調を和らげる

魔法における特質：好きな人と両想いかどうかを占うときに使われます。「好き」「嫌い」と言いながら花弁を１枚ずつちぎり、最後に残った１枚がどちらを指すかを見る花占いです。豊かさやお金、愛を呼び込む儀式にも使われます。

Anís Estrellado

スターアニス

ジェンダー：男性
エレメント：風
天体：水星／木星
原産地：アメリカ／中国、ベトナム

作用：刺激剤、利尿、去痰、風邪やインフルエンザに伴う詰まりの改善

魔法における特質：スターアニスは私たちを霊的な側面につなげ、現在認識しているリアリティとは異なる領域にも波長を合わせる助けをすると言われます。

また、スターアニスはスピリチュアルな守護をします。儀式とは無関係なエネルギーの介入を防ぐために重宝される植物です。

スターアニスの実は保護の儀式やアストラル投影の儀式にしばしば用いられます（後者は非常に複雑な儀式ですから、お勧めしません）。

儀式：スターアニスを祭壇の四隅（風、地、水、火の４つのエレメントを象徴します）に置き、儀式の保護と強化をします。

保護の儀式に加えて、精神や霊性を高める儀式にも使います。

Enebro

ジュニパー

ジェンダー：男性
エレメント：火
天体：太陽
原産地：ヨーロッパ、北米、アジア

作用：消化の促進、鎮静、尿路感染症の緩和、バクテリアやカビの対策

魔法における特質：特にエッセンシャルオイルとして、浄化の儀式によく用いられます。ジュニパーの枝や実で祭壇を保護することもできます。

Vainilla

バニラ

ジェンダー：女性
エレメント：水
天体：金星
原産国：アメリカ／中南米

作用：髪を丈夫にする、抗炎症、ニキビの予防

魔法における特質：富と繁栄を願う沐浴や儀式でしばしば用いられます。状況や人間関係をよろこばしいものにするための儀式にも向いています。

恋愛のおまじないで、特に男性的な、あるいは陽のエネルギーを持つ人を惹きつけたいときによく使われます。

Rosa

バラ

ジェンダー：女性
エレメント：水
天体：金星
原産地：ヨーロッパ、北米、アジア

バラには多くの種類があります。バラの色の意味についてはP.26「キャンドル」を参考にして下さい。

作用：ローズウォーターとローズヒップオイルはスキンケアに広く用いられ、髪を丈夫にするレメディーにも使われます。

魔法における特質：多くの文化において、バラは美と愛に関連づけられています。花びらもエッセンシャルオイルも儀式によく使われます。

心を平穏にするための儀式やコミットメントのための儀式、また、感情の癒やしにも使われます。

春に祭壇を飾るのにぴったりです。

Estragón
タラゴン

ジェンダー：男性
エレメント：火
天体：太陽
原産地：ヨーロッパ（スカンジナビア）、アジア、北米

作用：消化や生理にまつわる不調の緩和、歯痛の緩和、水分の排出

魔法における特質：引き寄せと願望実現の儀式にしばしば使われます。

Albahaca
バジル

ジェンダー：男性
エレメント：火
天体：火星
原産地：アジア／南アジア、オーストラリア

作用：胃腸の不調の改善

魔法における特質：バジルは妊娠や性的な魅力の向上を願う儀式によく使われます。また、経済的な繁栄を願う儀式にも用いられます。目標の達成を願うときにも役立ちます。特に、仕事運に関することや、意志の力の強化を願うときに向いています。

Pimienta

ペッパー

ジェンダー：男性
エレメント：火
天体：火星
原産地：インド

作用：抗炎症、消毒、呼吸器の不調の改善

魔法における特質：いくつかの用途がある中で、最もよく知られているのが膠着した状態の打破です。性に関することや、魅力を高めるための願いにも関わります。

Perejil

パセリ

ジェンダー：男性
エレメント：地
天体：水星
原産地：イタリア／ヨーロッパ、地中海沿岸

作用：利尿、血栓の予防、貧血の予防

魔法における特質：エネルギーにバランスをもたらします。また、空間を浄化する機能もあります。

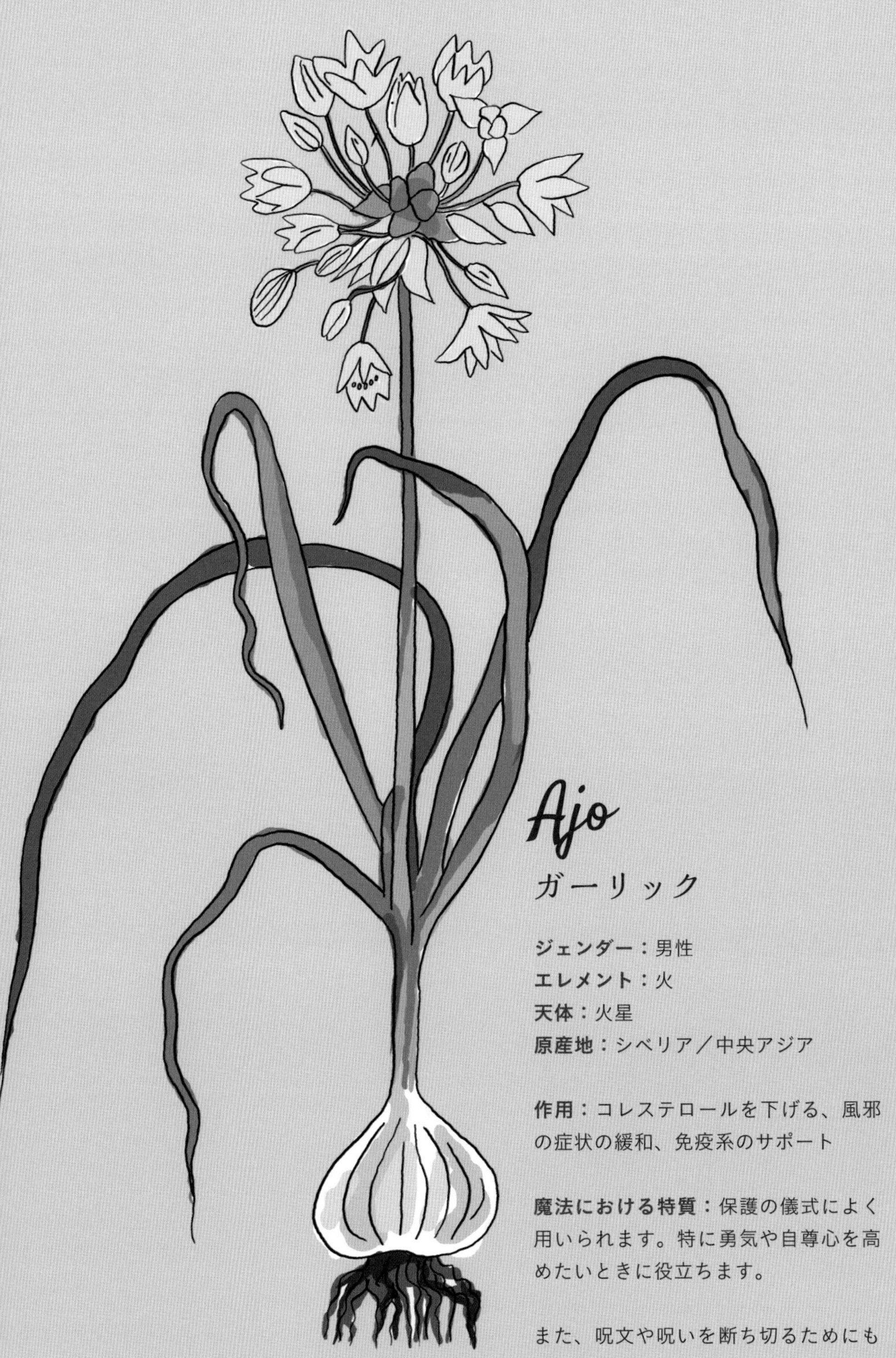

Ajo

ガーリック

ジェンダー：男性
エレメント：火
天体：火星
原産地：シベリア／中央アジア

作用：コレステロールを下げる、風邪の症状の緩和、免疫系のサポート

魔法における特質：保護の儀式によく用いられます。特に勇気や自尊心を高めたいときに役立ちます。

また、呪文や呪いを断ち切るためにも使います。

白魔術と黒魔術の両方でしばしば使われます。

Menta

ミント

ジェンダー：女性
エレメント：風
天体：水星
原産地：中央アジア／全世界

作用：抗炎症、消毒、呼吸器の不調の改善

魔法における特質：繁栄と保護のために使われます。特に、旅行に関することにも向いています。幸運を招くおまじないとして、家の出入り口にペパーミントオイルを振りかけます。ミントは女神ヘカテとも関連づけられています。

Fresa

ストロベリー

ジェンダー：女性
エレメント：地
天体：金星
原産地：スカンジナビア／全世界

作用：歯のホワイトニング、皮膚の浄化を促す、角質の除去、ニキビの予防

魔法における特質：愛情に関することに向いています。自己愛を高めたり、好きな相手（特に男性）を引き寄せる儀式に使います。

Frambuesa

ラズベリー

ジェンダー：女性
エレメント：水
天体：金星
原産地：ヨーロッパ／北米

作用：抗酸化作用、皮膚のすこやかさを促す

魔法における特質：保護のおまじないとして、ラズベリーの枝を窓辺に吊るします。愛情や出産、母となることに関連します。これらのテーマに直接的に、または間接的に関わる儀式に使うことができます。

Clavo

クローブ

ジェンダー：男性
エレメント：地
天体：水星
原産地：イタリア／インドネシア

作用：消毒、刺激剤、消化促進、殺菌

魔法における特質：保護や浄化、愛、欲望、エネルギーの浄化に適しています。

Pachuli

パチョリ

ジェンダー：女性
エレメント：地
天体：土星
原産地：インドネシア

作用：消毒、催淫、収れん、デオドラント

魔法における特質：経済に関する儀式（お金、ビジネス、経済、豊かさ）にしばしば使われます。官能性と保護の儀式にも使われることがあります。

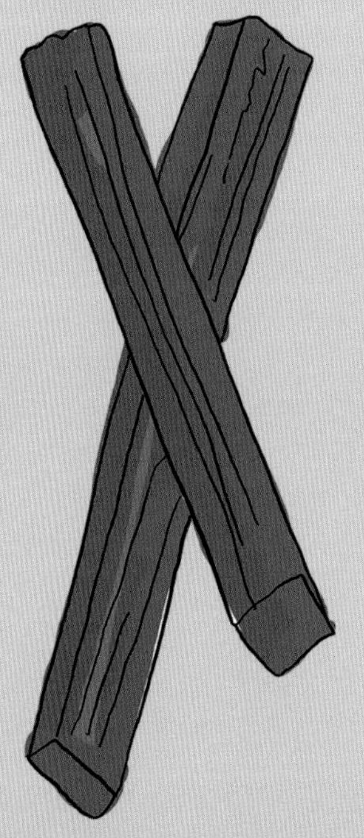

Sándalo

サンダルウッド

ジェンダー：男性
エレメント：地
天体：水星
原産地：アジア／東南アジア、オーストラリア、南太平洋諸島（イラストのように、細い小枝のような形で販売されています）

作用：すこやかで美しい肌へと導く、抗炎症

魔法における特質：愛の儀式と、儀式を助ける光の存在を引き寄せるためによく使われます。

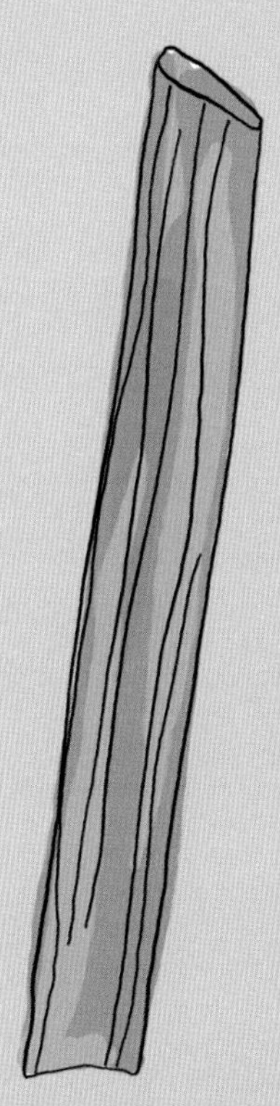

Palo Santo

パロサント

ジェンダー：女性
エレメント：地
天体：金星
原産地：アジア／メキシコ、中米、南米（イラストのように、細い小枝のような形で販売されています）

作用：浄化、リラックスを促す

魔法における特質：魔法の世界で最もよく知られる植物の１つです。いくつかの部族にとっては神聖な木であり、しかるべき意味や知識がないままスピリチュアルな用途に使うのは不適切だという考えもあります。

空間や仕事道具、自分自身からのネガティブなエネルギーを浄化するために、スマッジング（燻した煙によって浄化）します。あらかじめ、窓を開けてよく換気をしておきましょう。キャンドルかマッチの炎で火をつけ、香りをかぎます。即座にパワフルな効果を感じるでしょう。パロサントは削った形のものやエッセンシャルオイル、スティックなどで一般的に使用されています。

Incienso

フランキンセンス

ジェンダー：男性
エレメント：火
天体：太陽
原産地：アラビア半島とアフリカ大陸の東端

作用：喘息をはじめとする呼吸器の不調に役立つ

魔法における特質：願望の成就との関わりがあり、幸運とよいエネルギーを引き寄せます。豊かさと幸運の儀式に用いられます。

Canela

シナモン

ジェンダー：女性
エレメント：地
天体：金星
原産地：中国、スリランカ

作用：殺菌、催淫

魔法における特質：経済面での繁栄を願う儀式にもよく使われますが、愛や性的な魅力と強く関わります。

Azúcar

サトウキビ

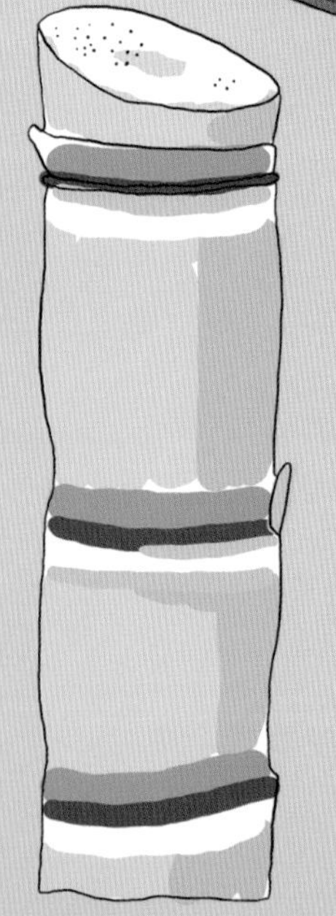

ジェンダー：男性
エレメント：地
天体：水星
原産地：ニューギニア

作用：不快感や不安を和らげ、タンパク質の消化を助ける

魔法における特質：引き寄せと愛の儀式にしばしば使われます。ビーガンの人々にとっては蜂蜜の代用品として優れています。恋愛のおまじないのキャンドルの飾りつけや、困難な状況を和らげる目的で用いられます。

Lirio

ユリ

ジェンダー：女性
エレメント：地
天体：金星
原産地：ユーラシア／北米

作用：利尿、鎮静

魔法における特質：ユリはしばしば平和と調和、幸福と結びつけられます。ユリがある家はそれらの資質にあふれているか、ユリがそれらを招き入れてくれると言われます。

ユリの根を1か月ほど天日で乾燥させ、乳鉢で挽いて粉にしたものは愛の儀式に広く使われます。特に恋愛関係にまつわる儀式に向いています。

ユリはパワーと優雅さと純粋さの象徴です。フランスの王政とも深い関わりがあります。

Ortiga

ネトル（イラクサ）

ジェンダー：男性
エレメント：火
天体：太陽
原産地：アジア、アメリカ、ヨーロッパ／全世界

作用：筋肉痛やアレルギー症状の緩和、抗酸化物質の優れた原料として使う（さまざまな療法で最も広く使われているものの1つですが、取り扱いには注意が必要です。皮膚に直接触れると焼けるような刺激を引き起こします）

魔法における特質：主な機能は保護です。私たちに危害を加えるような邪悪な念や敵を振り払います。

毒がある植物

植物の中には毒性を持つものも存在し、中には命を奪われてしまうものもあります。魔法の長い歴史の中で、毒薬の原料として使われた植物たちをご紹介しましょう。これらの植物はどのような形であれ、使わないようにして下さい。手にして扱うだけでも危険なものがほとんどです。安全に取り扱うには、植物学と魔法の両面において高度な知識がなくてはなりません。これらの植物は非常に強いエネルギーを持っています。

Belladona
ベラドンナ

ジェンダー：女性
エレメント：地
天体：金星
原産地：ユーラシア

魔法における特質：女神ヘカテとペルセポネに関連します。わずかな量でも死に至ります。幻覚を引き起こすため、魔女とも関わりが深い植物です。

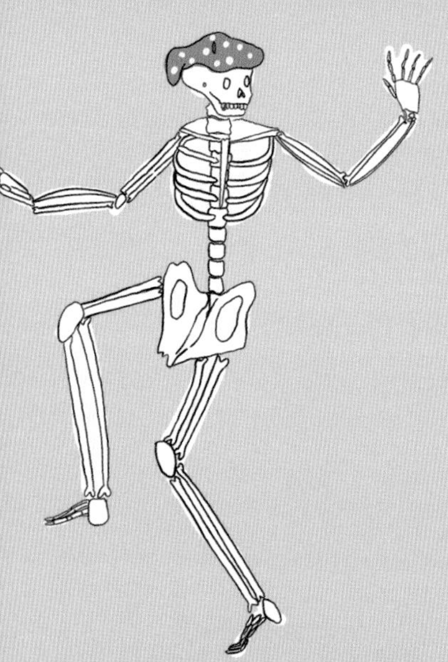

Adelfa

キョウチクトウ

世界中の植物の中でも最も毒性が強いと考えられています。華やかな、濃いピンク色の花を咲かせます。普段、庭などでよく見かけるほど一般的な植物です。

Acónito Común

トリカブト

青紫色の花を咲かせます。成分に致死性を持つ植物です。

Cicuta

ヘムロック（ドクゼリ属）

毒性があるシクトキシンという物質を含んでいます。特に、根の部分の濃度が高く、毒薬として抽出されるとたいへん危険です。激しい中毒症状を引き起こして死に至る場合もあります。

Ricino

トウゴマの実

アフリカが原産地です。摂取すると死に至る危険があります。

Estramonio

チョウセンアサガオ

北米原産の植物で、精神錯乱や幻覚を引き起こし、死に至る場合もあります。種子の部分に最も強い毒性があります。

Tejo

イチイ

原産地はヨーロッパ全域と北米です。薬品の成分として製薬業界で用いられていますが、毒性がある植物とされています。

朝の紅茶やコーヒーで魔法を使う

静かな場所で飲み物を頂きます。紅茶やコーヒーのカップの横に、あなたの意図に合うクリスタルを置いておきましょう。クリスタルの種類についてはP.61「5. 魔法に使う鉱物」をご覧下さい。

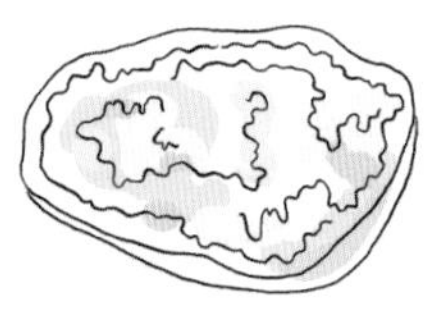

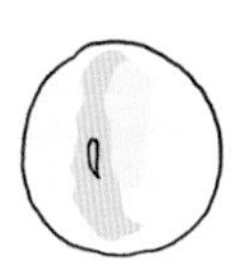

紅茶やコーヒーをスプーンでまぜながら、その日の意図を思い浮かべます。声に出して唱えてもかまいません。

引き寄せたいときはスプーンを時計回りに、追い払ったり壊したりしたいときは逆時計回りにかきまぜます。

いろいろな願いにふさわしい飲み物や材料があります（P.57 をご覧下さい）。

インフュージョンの材料

コーヒー
刺激、覚醒

砂糖
愛、浄化、魅力

蜂蜜／シロップ
絆、魅力、愛

ミルク／クリーム
いつくしみ、保護、パワー

ソイミルク
仕事の成功、保護

ココナッツミルク
保護、浄化

オーツミルク
強化、繁栄

アーモンドミルク
繁栄、富、叡智

バニラ
幸福、愛、幸運

シナモン
保護、繁栄

ミントティー
停滞からの解放、明晰性
胃痛の緩和

カモミールティー
リラックス、眠りを助ける

紅茶
強さ、エネルギー
ネガティブなものを振り払う

ホワイトティー
浄化、保護

緑茶
エネルギー、免疫、浄化

ルイボスティー
強さ、エネルギー、安全

チャイ
おだやかさ、保護、繁栄

抹茶
明晰性、情熱、愛、エネルギー

ショウガ
バランス、明晰性

ココア
愛、明晰性

スマッジスティック

いろいろなハーブの特徴やスマッジスティックとは何かについては、すでにご紹介しました。ここでは専門店で入手可能な一般的なハーブの束について、簡単にまとめておきます。これらはもちろん手作りできます。意図に合わせて生の状態のハーブを選び、天然素材の繊維で縛って束にして下さい。満月の光を浴びせてチャージすれば、さらにパワーを高めることができます。

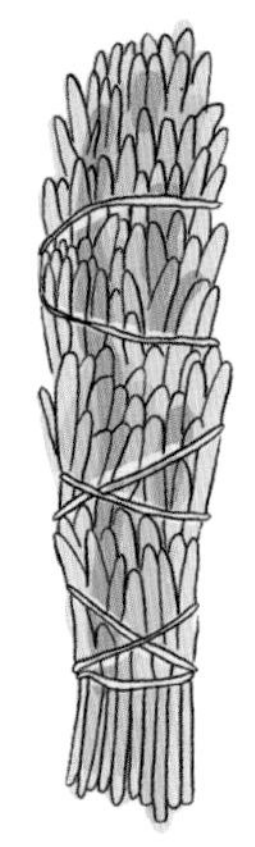
マグワート（ヨモギ）

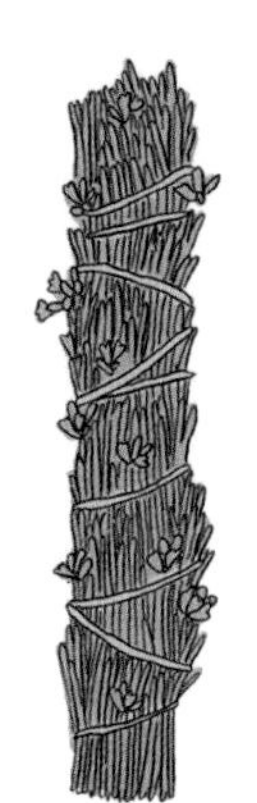
ラベンダー

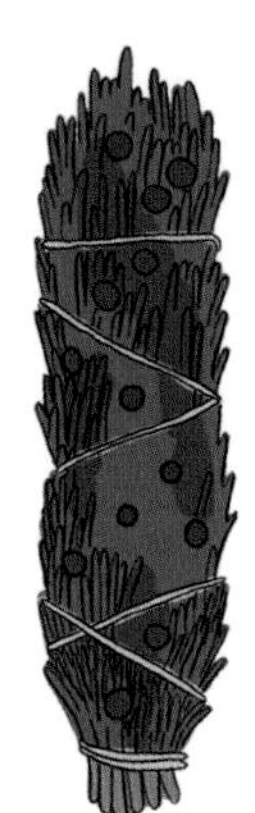
ジュニパー

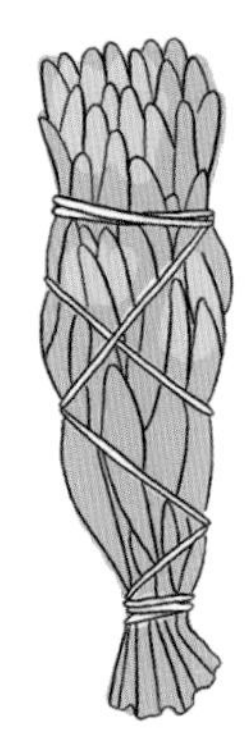
ホワイトセージ

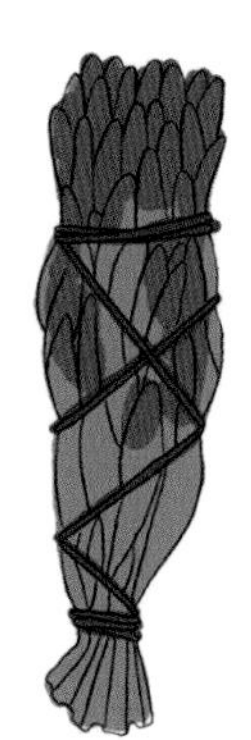
ドラゴンズブラッド

パロサント

ローズマリー

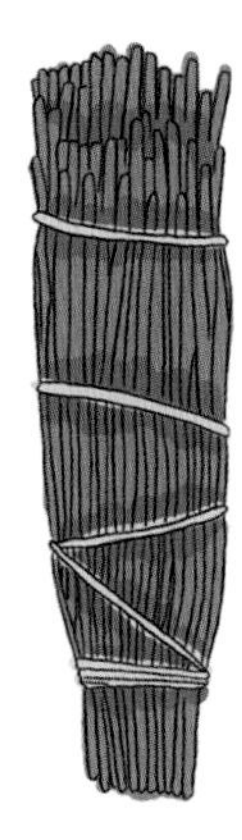
シダー

マグワート（ヨモギ）

昔から空間のネガティブなエネルギーを浄化するのに使われてきました。また、明晰夢を見やすくすることでも知られています。睡眠中に、それが夢であると自覚しながら夢を見たいという意図があるなら、眠る前にこのハーブを焚いてみて下さい。

ラベンダー

浄化や霊的な保護、サイキック能力の向上にしばしば使われます。ポジティブなエネルギーを引き寄せ、心の静けさや平穏、すこやかで充実した生活を促します。

ジュニパー

浄化とエネルギー活性化のためによく用いられます。頑張ることが必要なときに、精神と肉体の両方に力をもたらします。

ホワイトセージ

霊性と儀式の浄化に使われる植物の中で最もよく知られています。室内のエネルギーを変容させ、また、癒やしや浄めの用途にも使われます。

ドラゴンズブラッド

樹脂を使ってホワイトセージの束を薄い赤に色づけすることができます。効力が強く、ネガティブなエネルギーやエンティティ（存在）を追い払い、深い浄化を行うときによく使われます。

パロサント

神聖な木であり、ネガティブなエネルギーを洗い流して浄化し、創造力と直感を刺激します。霊的なつながりを強めるため、数々の目的で儀式に使われます。

ローズマリー

空間や品物だけでなく、私たち自身に対してもパワフルな浄化の力を持つハーブです。太陽と男性的なエネルギーに関係しています。

シダー

引っ越して新居に入るときに、ネガティブなエネルギーを浄めるためにシダーを使う伝統があります。浄めの儀式ではシダーの小枝を焚いて下さい。

エッセンシャルオイル（精油）

エッセンシャルオイルには、原料となる植物と同じ作用が宿っています。このページでは、最もよく知られるものを願いの種類別に挙げておきます。エッセンシャルオイルを数滴、儀式に加えると意図を高めることができます。おまじないや瞑想、アロマセラピーにも広く使われています。

勇気
ペッパー
パセリ
ネトル
チャイブ
ラディッシュ

受胎
シナモン
ミント
コリアンダー
シュガー

幸福
シナモン
ミント
カレンデュラ
アニシード

ウェルビーイング
カモミール
ケシの実
アニシード
シナモン
アンジェリカ

直感
レモングラス
オレンジ
セージ
パロサント
ローズマリー

愛
シナモン
シュガー
ココア
バニラ
ラベンダー

幸運
ヘザー
ペッパー
スペアミント
サンダルウッド
ナツメグ

お金
パチュリ
パセリ
ジンジャー
カモミール
ディル
シナモン

平和
マジョラム
セージ
パロサント
ユリ

保護
アンジェリカ
パセリ
ネトル
クローブ
ガーリック
ミント

成功
ローレル
カモミール
ローズマリー
サフラン
セロリ

旅行
マスタード
パセリ
フェンネル
マジョラム

叡智
ローレル
カモミール
セージ
タイム

5.
魔法に使う鉱物

- 石を浄化する
- 石をチャージする
- 石の形とそれぞれの意味
- 意図に合わせた指輪のはめ方
- 石の種類
- 鉱物とチャクラの関係

石を浄化する

「石を浄化する」ことと「石をチャージする」ことはよく混同されますが、両者は異なるコンセプトです。石はエネルギーを吸収しますから、古くてネガティブなエネルギーや、自分とは無関係なエネルギーを祓うために浄化が必要です。浄化のタイミングは必要だと感じるときでよいですが、P.127「鎮静の月」の時期が最も一般的です。いろいろな方法を下にご紹介します。どんな道具を浄化するのにも使えます。

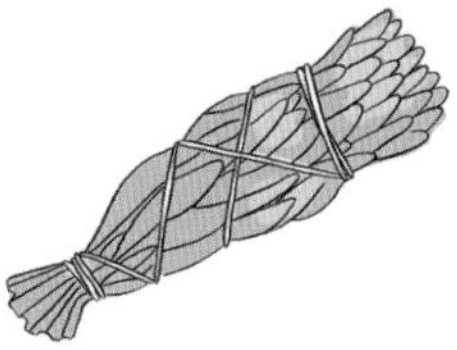

ホワイトセージ

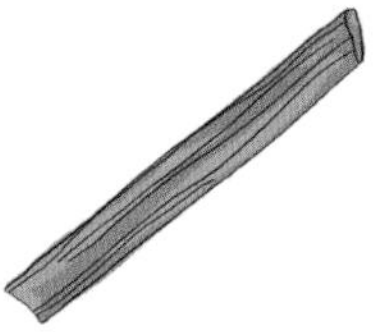

パロサント

視覚化
（イメージ する）

お香

塩

日光

月光

土

チベタン・
シンギングボウル

メディテーション
音楽

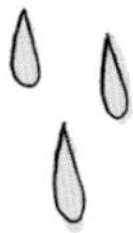

塩水

フロリダウォーター
（作り方はP. 181）

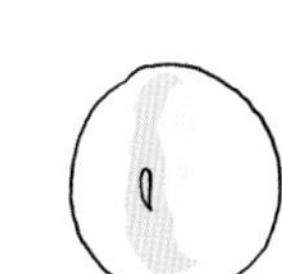

石をチャージする

石が浄化できたらチャージをし、活性化させましょう。日光や月光などの自然の要素を使うことができますが、あなた自身のエネルギーによるチャージはさらに多くを担っています。はっきりとした意図を設定し、石にエネルギーを集中させてプログラムするのです。石だけでなく、道具類をチャージするときによく用いられる方法をご紹介します（P.62の浄化の方法とまったく同じか、あるいは似ているものもあります。浄化するかチャージするかは、あなた自身の意図によって変わります）。

- 流水にさらす（下のリストのように水に弱い石は避けて下さい）
- 庭や植木鉢など、自然の中に置く
- 鐘やシンバル、歌声など、音のバイブレーションを共鳴させる
- 浄化されたクォーツやアメジストを乗せる
- 石を手に持つ

水洗いを避けるべき石たち

- エンジェライト
- セレナイト
- カルサイト
- ターコイズ
- カイヤナイト
- ラブラドライト
- クンツァイト
- マラカイト
- ラピスラズリ

直射日光を避けるべき石たち

- アベンチュリン
- アメジスト
- アクアマリン
- ベリル
- シトリン
- クンツァイト
- サファイア
- フローライト
- ローズクォーツ
- スモーキークォーツ

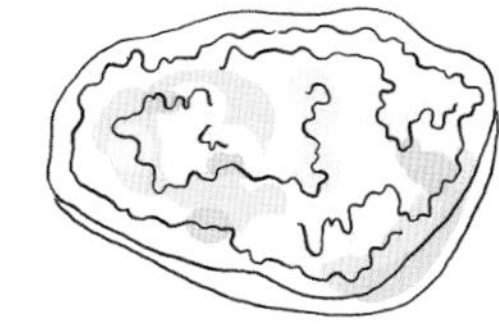

石の形とそれぞれの意味

石の種類によっていろいろな特徴や用途がありますが、
形にも意味があります。儀式での用途もそれぞれです。

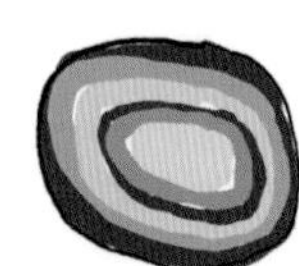

ジオード

ジオードとは晶洞とも呼ばれる空洞で、この絵は断面が見えるようにカットされたものです。心の平穏や静けさ、おだやかさにつながります。

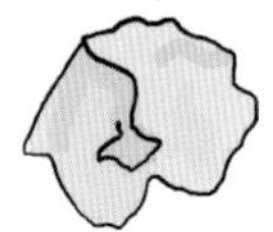

アンカット

カットが施されていない鉱物は最も自然に近い形を見せてくれます。おおらかで野性的な、強いエネルギーを持っています。

ポイント（ジェネレーター）

エネルギーを一方向に凝縮し、増幅させる働きがあります。エネルギーのチャージにも使います。

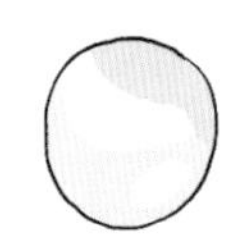

スフィア

丸玉とも呼ばれるスフィアは、やわらかなエネルギーを宿しています。霊的な世界とディヴィネーション（占い、予言）との関わりがあります。

ペブル

表面がなめらかに磨かれた、ナチュラルな形です。ソフトでおだやかなエネルギーです。

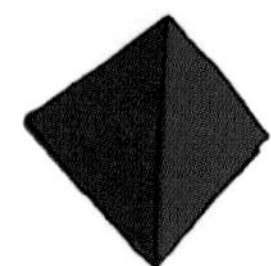

ピラミッド

ピラミッド型の石には非常に強いエネルギーが宿っています。一般的には引き寄せに用いられます。

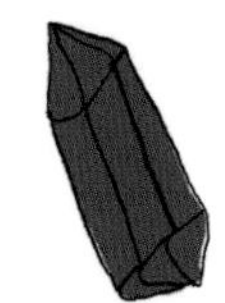

ダブルポイント

エネルギーを吸収して変容、変貌させる働きがあります。

意図に合わせた指輪のはめ方

1 Fuerza de voluntad
2 Autoridad, autoestima
3 Estabilidad emocional
4 Creatividad, relaciones
5 Sexualidad, magnetismo

1 意志
2 真実、正直、自尊心
3 感情の安定
4 創造力
5 官能性、魅力

ジュエリーを活性化させることによって、ほしいタイプのエネルギーを引き寄せます。特に指輪はお勧めです。

指輪をはめる指を選ぶだけでなく、石の種類によってもさまざまな意味をもたらすことができます。次のページからは、代表的な石たちとその使い方を見ていきましょう。

石の種類

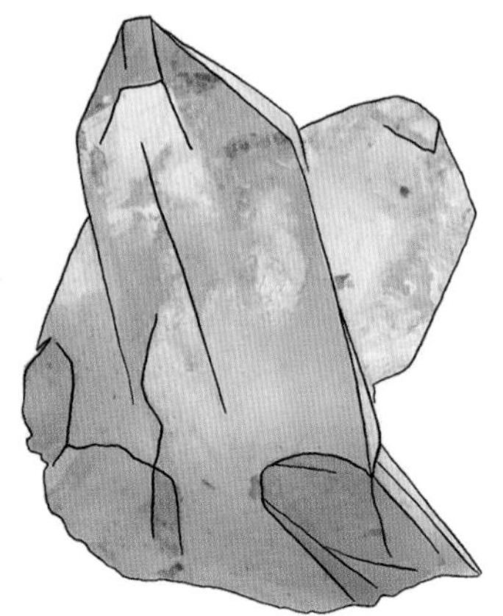

Cuarzo Blanco

ホワイトクォーツ

ホワイトクォーツは最もよく知られる鉱物で、パワフルな力を宿しています。ネガティブなエネルギーを浄化して、身に着ける人に平和とハーモニーをもたらします。ヒーリングや精神集中、瞑想にもふさわしいです。儀式に使いたい石が手に入りにくい場合、代わりにホワイトクォーツを使うことができます。

Cuarzo Aura

オーラクォーツ

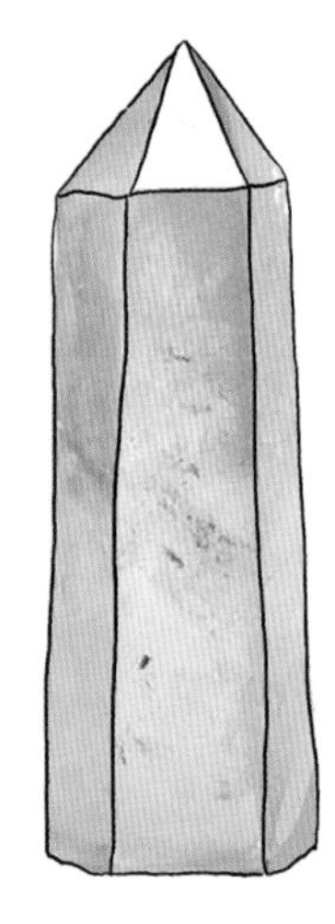

オーラクォーツまたはレインボークォーツはリラクゼーションや、精神と魂の平穏に関わります。化学的な処理がなされているため天然のクォーツではありませんが、コミュニケーションや環境に調和をもたらし、ストレスを緩和する強い力があります。加工がなされているためそのような力はないと考える人々もいますが、私はそうは思いません。

Labradorita

ラブラドライト

ラブラドライトは私が好きな石の１つです。緑と黒の表面に虹色がかったブルーの光が反射し、眺めていると催眠術にかかるような気がします。霊性や直感、占いや予言に関連し、サイキック能力の開発に役立ちます。自信や想像力、内省も促します。

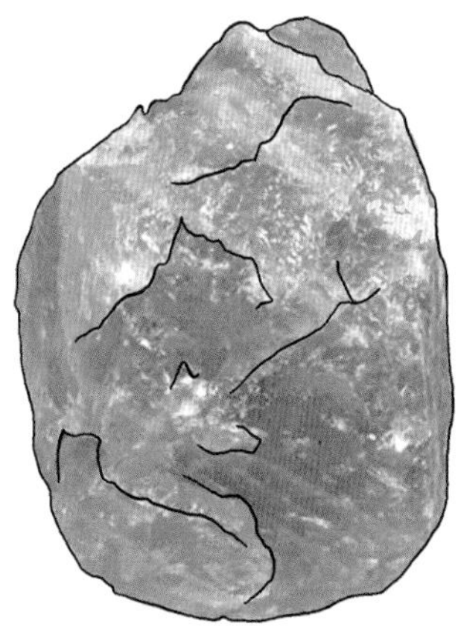

Cuarzo Rosa

ローズクォーツ

ローズクォーツも広く普及している鉱物です。ピンク色をしており、平和とバランスをもたらします。女神アフロディテとのつながりもあるため、愛と美と欲望にまつわることに適します。ローズクォーツを身に着けると自尊心と自信が高まり、恋愛運を引き寄せると言われています。

Amatista

アメジスト

アメジストは魔法の石のコレクションとして最初に手に入れておきたい基本の石です。メルクリウスという神とのつながりがあり、精神のバランスを促します。記憶力と集中力を高め、精神を安定させる力もあるため、逆境での心の痛みを和らげる働きをします。強いエネルギーを持つ鉱物です。

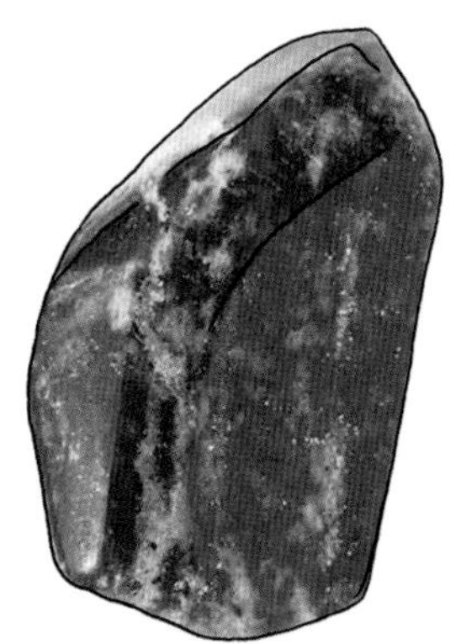

Lapislázuli

ラピスラズリ

古代エジプトにおいてラピスラズリは魔法の石だと考えられており、無数の宝飾品やアミュレットが作られました。ラピスラズリは私たちの内面に調和をもたらします。内面の中で最も かけ離れた部分同士のバランスをとるのに役立ち、調和と安定へと到達できます。特に、理性と感情の両面に働きかけます。

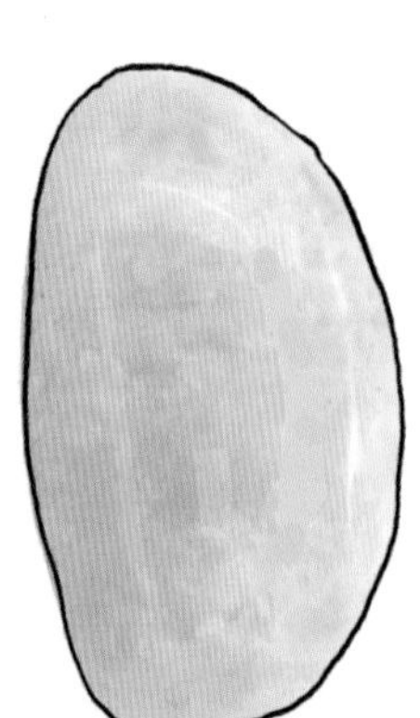

Ópalo

オパール

オパールはサイキック能力との関連があります。直感や霊媒能力、異界のリアリティとのつながりを助けます。創造やイマジネーションも刺激します。私たちの精神と霊性をつなげ、両方がともに働くよう導きます。

Obsidiana

オブシディアン

黒い石はたいてい保護の力を持っており、オブシディアンも基本的に同じです。環境内にネガティブなエネルギーがあれば吸収し、石を持つ人を守ると言われています。また、変容の力もあり、洗浄と浄化の用途でも広く用いられます。

Fluorita

フローライト

色彩が豊かなフローライトはスピリチュアルな世界にまつわる繊細なエネルギーを持っています。バランスや秩序、洗浄、浄化などを促し、私たちのバイブレーションを高める手助けもします。

Granate

ガーネット

ガーネットは勇気やパワー、自己肯定との関連があります。エネルギーが低下しているときや不安を感じるときに役立ちます。また、危機的な状況にあるときにも適しています。

Ágata

アゲート

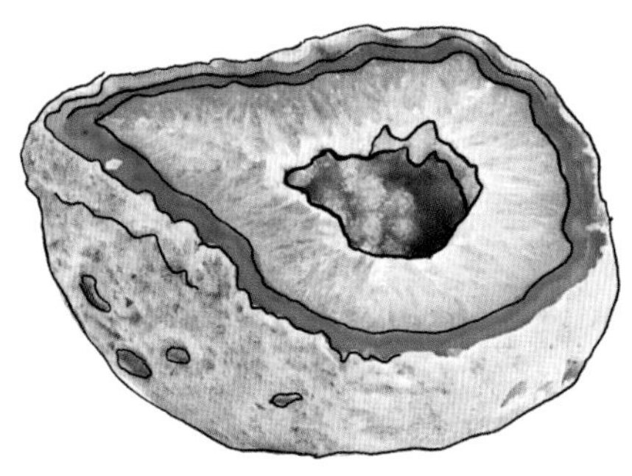

アゲートはいろいろな用途に合わせて私たちを保護し、自尊心と安心をもたらす石です。さらに、精神と肉体と霊性のバランスをとる意図でも用いられます。

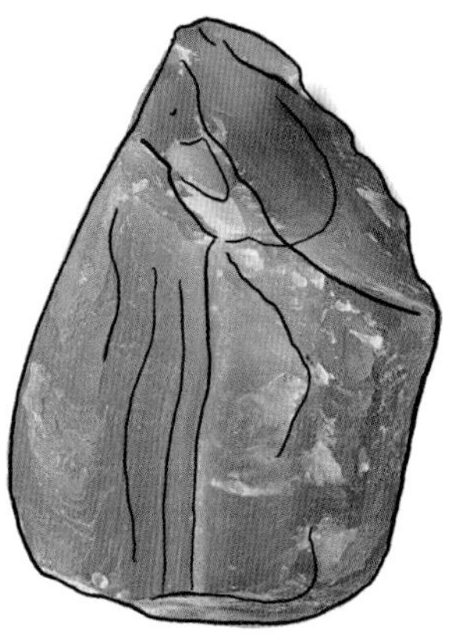

Coralina

コーラル

コーラルは太陽との関わりがあります。長い歴史の中で、成功や富や豊かさを呼び込むとされており、そのことは聖書にも記されているほどです。特に仕事や金銭にまつわる願いについて、必要な推進力をもたらして目標達成を助けます。

Apatita

アパタイト

シャイで引っ込み思案な人が自信をつけたいときにぴったりの青い石です。特に、話す能力の向上を促し、対人的なコミュニケーションに効果をもたらします。

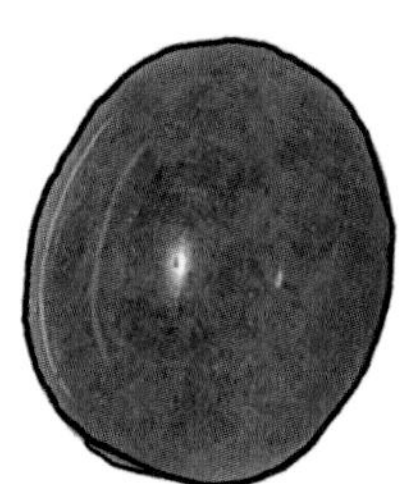

Aventurina

アベンチュリン

アベンチュリンには繁栄やおだやかさ、バランスとのつながりがあります。パワフルでありながら静かでやさしいエネルギーを宿しています。主に、生活の充実や幸福を求めるときに向いています。

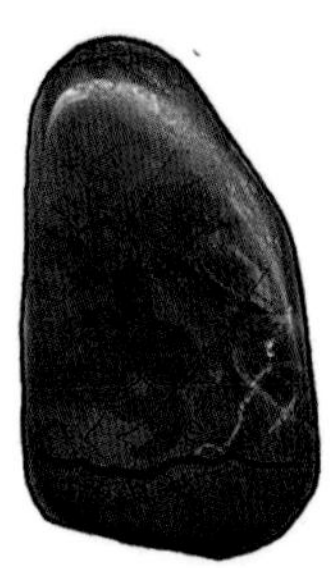

Jaspe

レッドジャスパー

レッドジャスパーは強さと安定、自信をもたらします。肉体と精神のバイタリティを高めるため、勉強や運動など、頭や身体を使うときに重宝する石です。

Aguamarina

アクアマリン

アクアマリンに関わるのは感情や共感、やさしさ、そして直感です。そのために、水のエレメント（魚座、蟹座、蠍座）の仲間だと言えます。自分自身や周囲に水の特質を高めたいときに使えます。

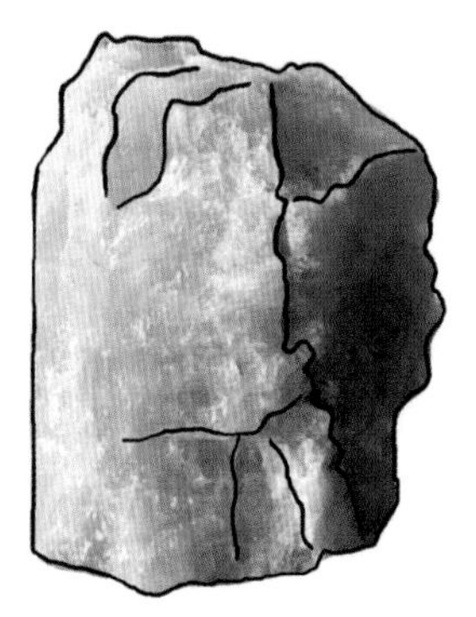

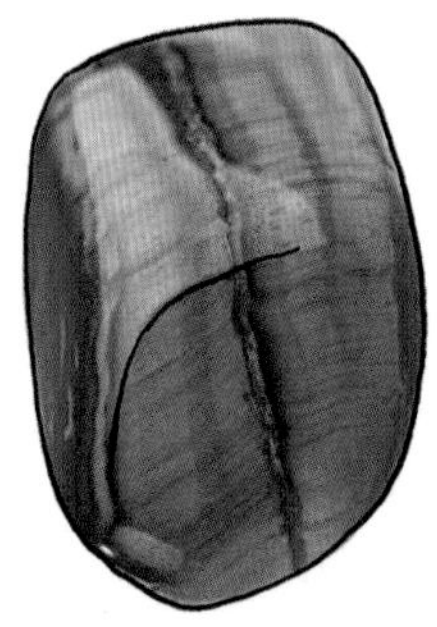

Ojo De Tigre

タイガーアイ

タイガーアイはパワフルな石です。霊的な保護をし、強さと自信を高めるのに役立ちます。

Angelita

エンジェライト

名前から連想できるように、エンジェライトは天使や大天使とのつながりがあります。それらの存在とのコネクションを維持し、守護を得ることができます。

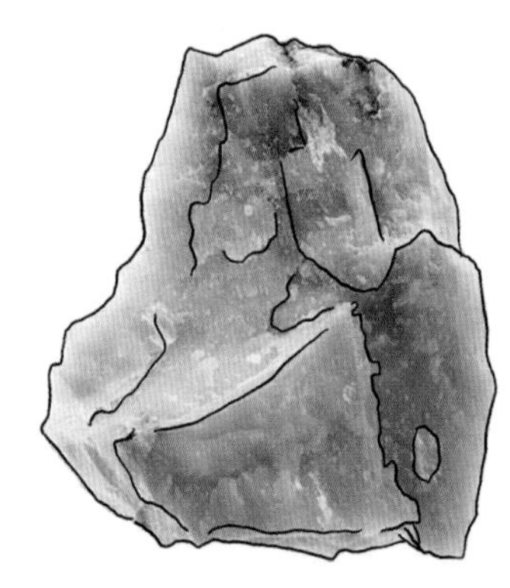

Piedra Dálmata

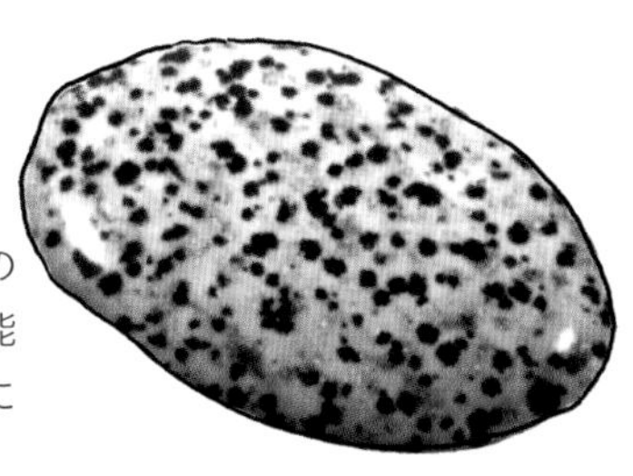

ダルメシアンストーン

ダルメシアン柄をした特徴的な石で、ジャスパーの一種です。変化を受け入れ、新しい環境になじむ能力を高めます。困難な環境にも、ただ環境の変化に対応するだけの場合にも同じように使えます。

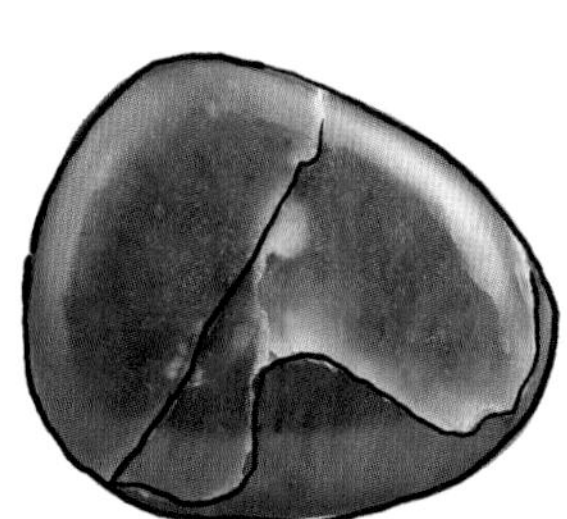

Jade

ジェイド（翡翠）

ジェイドには２つの機能があります。１つは保護をする働きです。もう１つは恋愛運の引き寄せや、真実の愛を人生にもたらすためのお守りとされています。

Piedra Luna

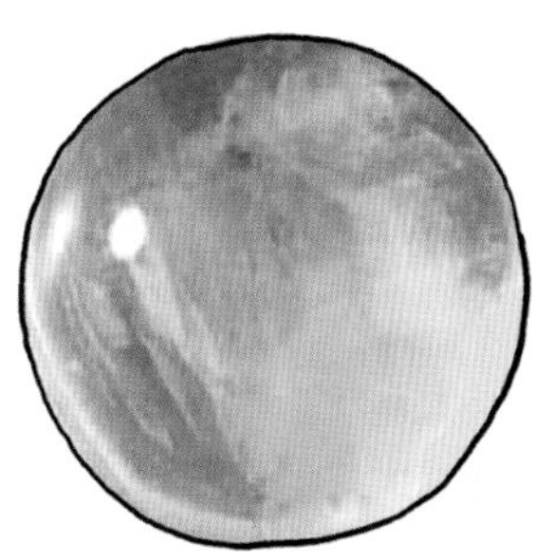

ムーンストーン

ムーンストーンは月と、月の女神セレネとつながりがある石です。魔女や直感、サイキック能力とも関連しています。

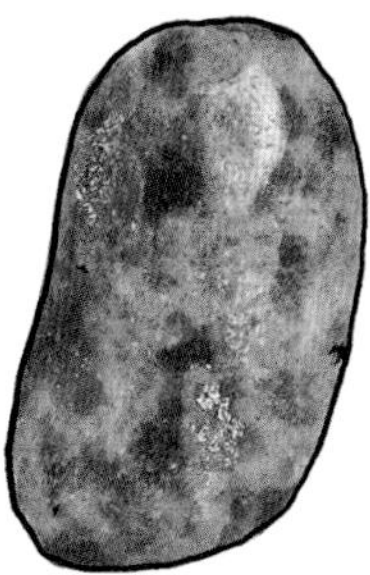

Piedra Sol

サンストーン

その名前からわかるように太陽と関係づけられており、太陽の力や長所が石に宿っています。外向性や自分の魅力、幸福、よろこびなどが、この石から連想されます。

Piedra Bruja

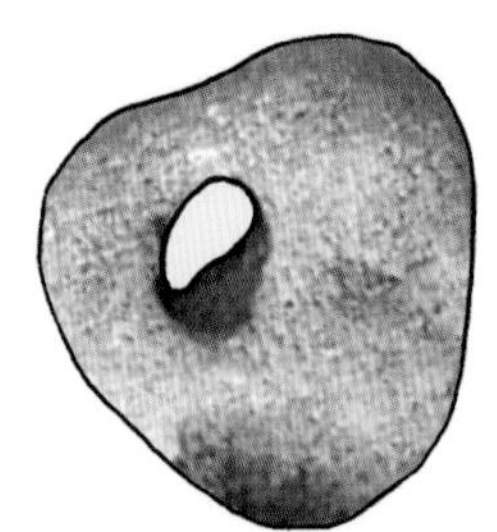

ウィッチズストーン

海水によって自然に穴が空いた石であり、海岸で見つけることができます。保護をもたらし、サイキック能力やビジョンを視る力を高めます。

Ámbar

アンバー（琥珀）

アンバーは針葉樹の樹脂が化石になったものです。主に保護のために使われ、精神と霊性とのバランスや安定を促します。

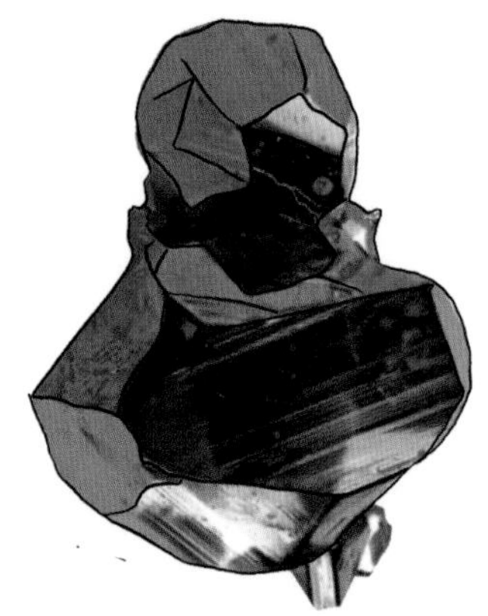

Hematita

ヘマタイト

ヘマタイトは保護の石です。私たちのコアにバランスと安定をもたらし、外からのネガティブなエネルギーによる影響を受けにくくする働きがあります。

Cuarzo Ahumado

スモーキークォーツ

スモーキークォーツの特徴は、目的を果たすのに必要な強さや自信を生み出すことです。

Selenita

セレナイト

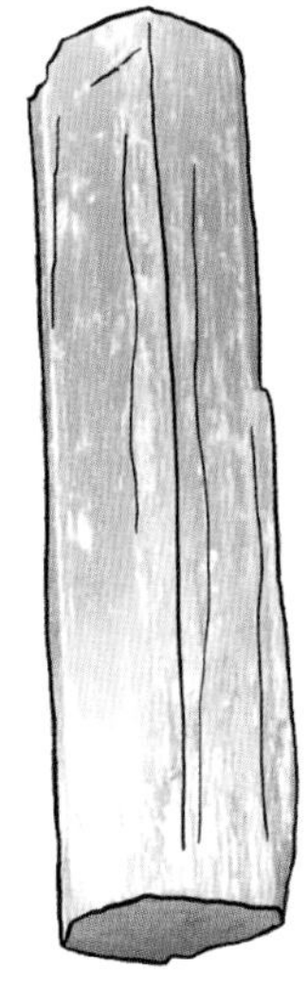

セレナイトは広く使われており、魔法の石のコレクションでも基本の１つです。空間や自己の内面に調和と洗浄、バランスをもたらします。この絵のように棒のような形をしているものが一般的です。

Ónix

オニキス

オニキスには保護の力が宿っています。自信と直感を高め、イニシアチブを促します。

Turmalina

トルマリン

トルマリンは保護の石の中で最も重要なものの１つです。ネガティブなエネルギーをとらえて変容させるのです。保護の儀式をサポートし、閉塞された状況においてはブロックを除去します。

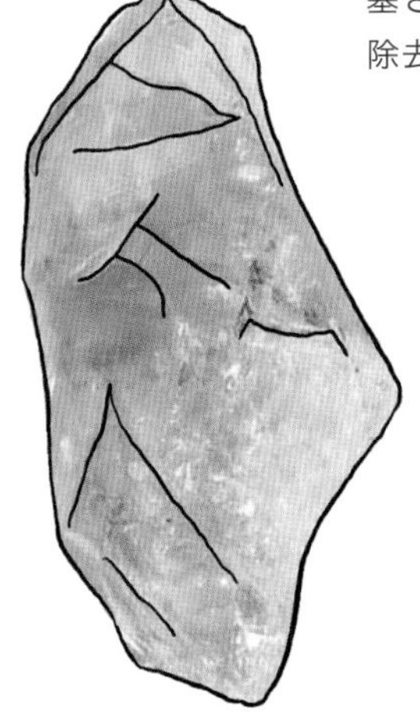

Citrino

シトリン

シトリンは霊的な領域で最も重要でパワフルな鉱石の１つです。ポジティブなエネルギーや日光、はっきりした思考、幸福に加え、人生の肯定的なもののすべてにつながります。幸運と豊かさを引き寄せる手助けとなる石です。

鉱物とチャクラの関係

チャクラとは身体にあるエネルギーの出入り口です。詰まりがあるとエネルギーが適切に流れず、エネルギーブロックが発生します。バランスを回復させるには、身体にある７つのエネルギーポイントであるチャクラに関する石を使います。

クラウンチャクラ

関連：理解と意志

石：ホワイトクォーツ、
ムーンストーン、
アメジスト、
ラブラドライト

サードアイ・チャクラ

関連：イマジネーションと霊的なつながり

石：ソーダライト、
ラピスラズリ、
サファイア、
アズライト

スロートチャクラ

関連：パワー

石：ターコイズ、
アクアマリン、
ブルーハウライト、
ブルーアゲート

ハートチャクラ

関連：愛

石：ローズクォーツ、
ロードナイト、
アマゾナイト、
グリーンオパール

ソーラー・プレクサス・チャクラ

関連：叡智

石：シトリン、
トパーズ、
アンバー（琥珀）、
タイガーアイ

セイクラルチャクラ

関連：秩序

石：カーネリアン

ルートチャクラ

関連：性と生命

石：オブシディアン、
トルマリン、
コーラル

6.
天使・大天使・精霊のガイド・女神

天使や大天使、精霊のガイドはみな霊的な領域に属する存在です。彼らと共にワークをしなくてはならないわけではありませんが、どのような存在かを知っておくとよいでしょう。魔法は宗教ではありませんが、精神や魂の面であなたにも共感できる部分があれば、実践に活かしてみて下さい。このセクションでは、非常に複雑な話題をかいつまんでご紹介させていただきます。

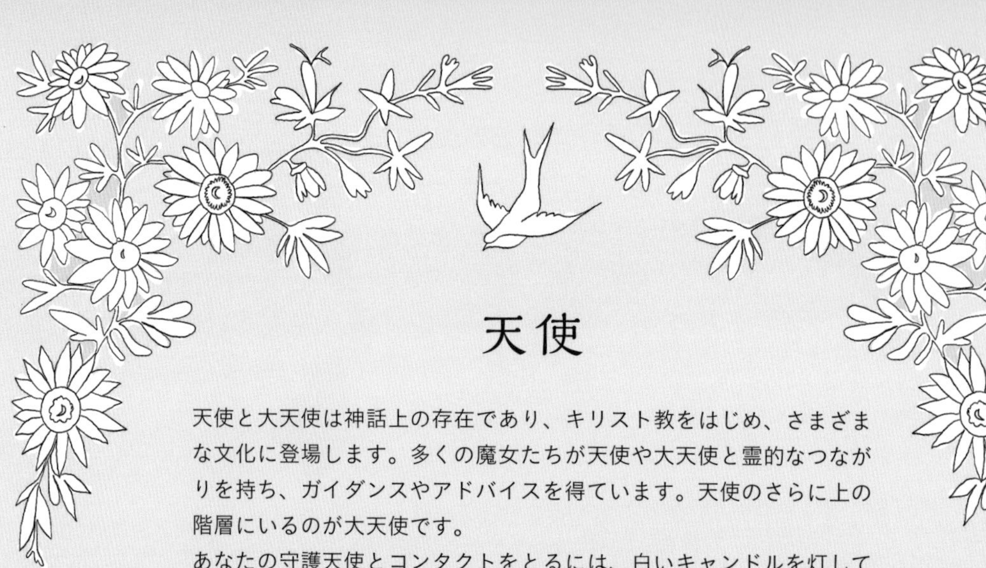

天使

天使と大天使は神話上の存在であり、キリスト教をはじめ、さまざまな文化に登場します。多くの魔女たちが天使や大天使と霊的なつながりを持ち、ガイダンスやアドバイスを得ています。天使のさらに上の階層にいるのが大天使です。

あなたの守護天使とコンタクトをとるには、白いキャンドルを灯して下さい。7人の大天使たちとコンタクトをとるときは、それぞれに対応する色と曜日がありますから、ふさわしい色のキャンドルを灯しましょう（P.77）。

「エンジェルナンバー」は同じ数字の並びを何度も見かけるときに、その数字に守護天使からのメッセージが込められているとする考え方です。これらの数字は精霊のガイドともつながりがあります（P.79）。

111
直感を信じて下さい。
新たな始まりです

222
ちょうどよい
タイミングで
今の状況にいます

333
守護と導きがあります

444
流れにまかせましょう

555
新しいことが
到来するでしょう

666
成長し、前進する
ときです

777
幸運があります

888
すべてがあるべき
ところに収まるでしょう

999
手放して下さい

大天使

7人の大天使たちには、それぞれの色と曜日があります。

大天使の特徴

それぞれの大天使の特徴を簡単にご紹介します。そのときによって、他に比べて特に強くつながりを感じる大天使が１人いるでしょう。

大天使ミカエル

大天使の中でも際立つ存在です。力と強さ、正義を表します。通常、ミカエルが受け取る願いは浄化をすることや勇気を与えること、公平性を実行に移すことです。

大天使ジョフィエル

（イオフィエル）

光で照らす大天使です。知性や精神面での明晰性、叡智を表します。重要な決断を迫られているときに、よく祈りを捧げられる存在です。

大天使カマエル（チャミュエル）

愛の大天使です。人間関係の絆や愛情とのつながりがあります（あなたにパートナーがいても、いなくても）。また、嫉妬や邪悪な欲望から私たちを守護します。

大天使ガブリエル

メッセンジャーです。明晰さとおだやかさ、そして正確なコミュニケーションとのつながりがあります。芸術やひらめき、心の平穏と安定の希求とも結びつけられています。

大天使ラファエル

癒やしの大天使です。肉体の健康だけでなく、精神や魂のすこやかさとも関わりがあります。私たちの気分が不穏にならずにはいられないときに、それを乗り越えるための手助けをします。

大天使ウリエル

強い大天使です。自尊心と気品、セルフイメージと関係があります。また、物質的な資源や仕事にも関わりがあります。

大天使ザドキエル

赦しの大天使です。後悔の気持ちが赦しと受容と愛に変容するのを見守ります。私たちが自己中心的な態度を克服するための手助けをします。

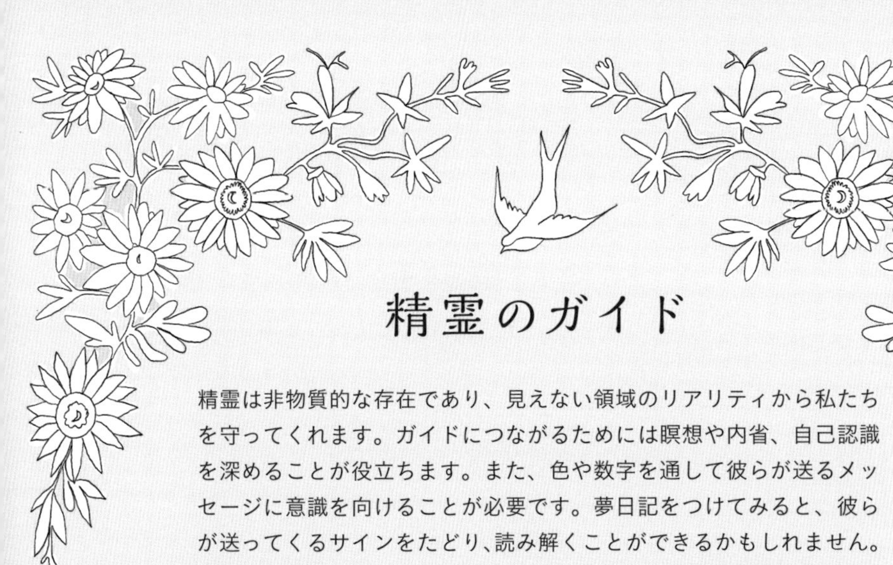

精霊のガイド

精霊は非物質的な存在であり、見えない領域のリアリティから私たちを守ってくれます。ガイドにつながるためには瞑想や内省、自己認識を深めることが役立ちます。また、色や数字を通して彼らが送るメッセージに意識を向けることが必要です。夢日記をつけてみると、彼らが送ってくるサインをたどり、読み解くことができるかもしれません。最もよくあるサインの１つは、次のような色の鳥の羽根や葉っぱによるものです。

赤
あなたの霊的な旅が
始まろうとしています

グレー
まもなく平和が
訪れるでしょう

紫
あなたの感情を
伝えて下さい

ブルー
あなたのサイキック
能力が自然に
表れるでしょう

ピンク
愛情と子どもたちが
やってきます

白
変化が
訪れるでしょう

黒
あなたはガイドに
守られています

グリーン
あなたか、
あなたが愛する人が
癒やされるでしょう

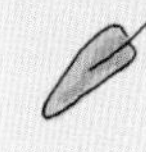

イエロー
今の方針で
進みましょう

女神

女神や神も霊的な存在（エンティティ）です。これらの存在を扱うには、その女神や神について深く理解することが必要です。本来の意味に忠実にワークをする（独自の文化に属する霊的な存在として、敬意を持って対峙する）ことも可能な一方で、私たち自身の成長や霊的な進化のために、それぞれの神の資質を参考にすることもできます。

女神についてのトピックはたいへん興味をそそると同時に、非常に幅広く、奥深いものです。主な神々への働きかけについては、その話題だけで１冊の本が書けるほどです。

ただ、私が好きな魔女の１人「La Meiga Dorada（黄金の魔女）」はリーダーや女神や神から送られてくるエネルギーについて教えてくれました。それは「エグレゴア」と呼ばれるもので、どの神にも、また平凡な人にもあると言うのです。そのエネルギーを求め、従う人々が増えれば増えるほど、エグレゴアは力を増します。何千人、何百万人の人々が、その名のもとにエネルギーを動かすようになるからです。

通常、魔女は女性の神々と共にワークをします。最もポピュラーな女神たちの中にはギリシャ神話のヘカテ（魔法の女神）やアフロディテ（愛と美と欲望の女神）などがいます。

7. 多神教の祝祭

（ホイール・オブ・ザ・イヤー）

夏至と冬至、春分と秋分とそれぞれの中間で、私たちは自然とともにお祝いします。どの祭日も仲間と一緒に旬の食材で料理をするのにぴったり。魔法の空間を飾り、自然や自己の内面とつながりを深める機会でもあります。ケルトの文化をはじめ現代的なイベントや、その他さまざまな文化にまつわるお祭りをご紹介します。

ベルティネ

5月1日

ベルティネは魔法の1年間の最初の祝祭です（魔法でも西洋占星術でも、太陽が牡羊座に移動する4月が1年のはじまりです）。豊穣と生命への感謝とともに、夏へと向かう季節を祝います。お友達と一緒にベルティネを祝うパーティーのヒントをご紹介しましょう。

メイポール（五月柱）

スペイン北部で盛んな、この季節のケルトの伝統行事です（特にガリシア州とカンタブリア州）。木の柱を中心に色とりどりのリボンを編んでいきます。

1 踊る人々をグループに分けます。

2 リボンを持って向かい合います。

3 向かい合った相手と反対回りに円を描いて歩きます。

4 進行方向へ進みながら、すれ違う人のリボンの下をくぐります。

5 次にすれ違う人のリボンをまたいで進みます。

6 最後にリボンを柱に結びます。一連の動きが正しくできていれば、きれいな編み目の模様が完成します。

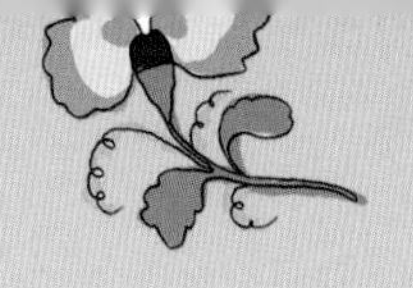

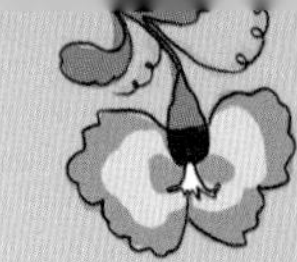

ベルティネの慣習

祭壇やパーティーの装飾にふさわしい
祝祭のエレメントの例をご紹介します。

花

ヒナギク
タンポポ
ライラック
スイセン
バラ

ハーブ

ミント
スペアミント
マグワート
クルマバソウ

樹木

オーク
松
柳
カバノキ

石

アベンチュリン
エメラルド
ジェイド（翡翠）
マラカイト
ロードナイト
ローズクォーツ

キーワード

豊かさ
豊穣
祖先
成長
愛
結合

色

グリーン
薄いピンク
白
イエロー
ライラック

シンボルとエレメント

かがり火
供え物
ベル
花
メイポール
歌と踊り
植樹
ガーデニング
蜂蜜
ケーキ
レモネード
ポンチ

タロット

女帝
女教皇
魔術師

動物

ハチ
乳牛
ウサギ
羊
鳥

魔法の意図

豊穣
実現
新しいアイデア
浄化
結合
魅力

装いのヒント

全体的に白を基調にして、
洋服や髪に季節の花を飾るのが
理想的です。

花冠

右の図のように茎を
編んで作ります。

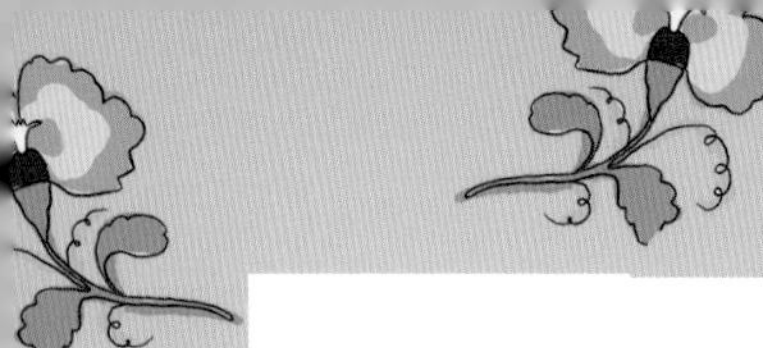

ベルティネのパーティーレシピ

このお祭りを祝うための、伝統的なレシピをご紹介します。みんなで一緒に作って楽しむか、お客様を招いたときのおもてなしの参考にして下さい。ピクニックのお供にしたり、庭で楽しんだりできれば最高です。

ベルティネを祝うレモネード

用意するもの（象徴するもの）

- レモン（長寿、浄化、友情）
- スペアミント（癒やし、愛、霊的な力）
- ショウガ（お金、成功、パワー ）
- ローズマリー（保護、癒やし、浄化）
- 砂糖（愛、調和、よろこび）

作り方

ガラスの広口瓶またはピッチャーに水を入れ、レモン汁とスペアミントの葉、すりおろしたショウガ、ローズマリーの小枝を加えて混ぜ合わせます。お好みの量の砂糖を加えて下さい。よく冷やしてからグラスに注ぎ、仕上げにレモンの輪切りを飾ります。

ベルティネ・クッキー

用意するもの（12 枚分）

- バター 1/2 カップ
  （および天板に塗布する少量）
- 小麦粉 2 カップ（ふるいにかけておく）
- 砂糖 1/2 カップ
- 卵 1 個
- 食用ローズエッセンス小匙 1 杯
- 食用ローズペタル（飾りつけ用）

作り方

オーブンは 190°C に予熱しておきます。
大きめのボウルにバターと、ふるいにかけた小麦粉を入れて混ぜ合わせます。
砂糖と卵、ローズエッセンスを加えて手でこねて生地を作ります。生地がベタベタして手にはりつくようなら、さらに小麦粉を少々加えて下さい。生地を麺棒で延ばして 1cm 強の厚さのシート状に整えます。
直径 7 ～ 8cm のクッキー型で型を抜きます。
天板にバターを薄く塗り、クッキー生地を乗せます。
ローズペタルで飾りつけをします。オーブンで 8 ～ 10 分間焼きます。

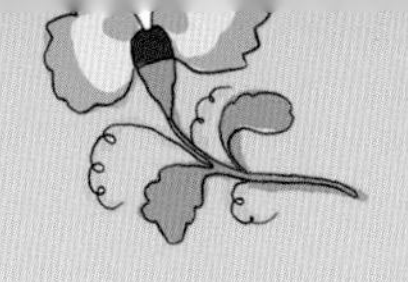
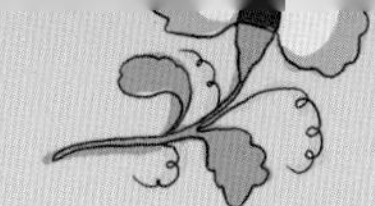

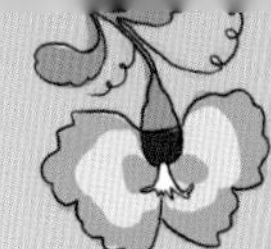

ベルティネのおまじない

パーティーの終わりに全員でできるおまじないです。
あなた１人で祭壇に向かって行うことも可能です。

用意するもの

- 白いキャンドルまたはベルティネのキャンドル、１人につき１本
- 紙、１人につき１枚
- ハーブと花を燃やすための火またはかがり火。ハーブと花の選択は、P. 83のリストを参考にして下さい。屋外で燃やすのがお勧めです。
- ピンク色のインクのペンまたはピンクの色鉛筆

方法

１人ひとり、自分の紙に願い事を書き、ベルティネの火にくべます。炎を囲んで輪になり、手をつなぎ、願いが叶うようエネルギーを集中させましょう。

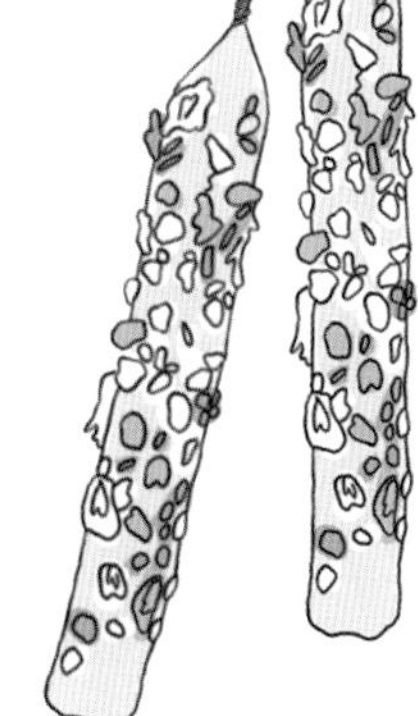

ベルティネのキャンドル

以下の材料でキャンドルを装飾します
（P. 29をご覧下さい）。

- ローズペタル
- ミント
- ラベンダー
- 蜂蜜（または砂糖）

ベルティネのバスソルト

バスソルトを小瓶に詰めて、パーティーの最後にお客様におみやげとして配りましょう。あなた１人で祝う場合は自分用に作り、楽しんで下さい。以下の材料を乳鉢に入れて混ぜ合わせ、満月の光の下ですりつぶします。

用意するもの

- ローズペタル
- ラベンダー
- ミント
- 砂糖
- 儀式用の粗塩
- ローズヒップオイル３滴
- フロリダウォーター１カップ

沐浴の方法

浴槽にお湯をはり、お湯にすべての材料を入れてつかります。あがったら身体をタオルで拭かず、水滴を手で軽く払って自然に乾かして下さい。この沐浴は愛と豊かさを引き寄せ、自信を高め、ネガティブなエネルギーを洗い流してくれます。

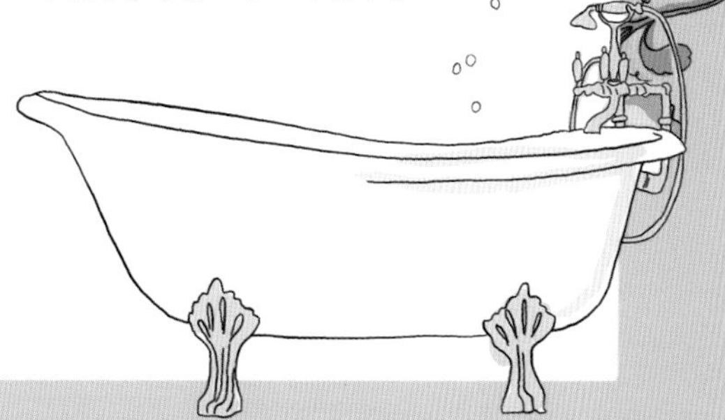

リーザ

夏至

リーザは１年の中で最も大切な祝祭の１つです。１年の中で昼が最も長く、夜が最も短い日ですから、光や生命、太陽と深いつながりがあります。リーザの夜には強いエネルギーが満ちています。かがり火をする伝統がありますが、地域によっては省略され、その代わりに他の催し物をしたり、ケイマーダ（P.90）という飲み物を作ったりして祝います。他にもさまざまな祝い方がありますが、１つの例をご紹介します。

リーザウォーター
（聖ヨハネの水）

スペイン国内でもケルト文化の影響が濃いガリシアやエル・ピエルソなどの地域では、夏至の日に神聖な植物を摘み、ハーブ水を作る慣習があります。聖ヨハネの日（6月24日）の夜か夏至の夜に、水を器に入れて、7種類のハーブを浸すのです。その水の器を外に出し、一晩、月光の下に置いておきます。翌朝、その水で顔を洗うと豊かで幸福になれると言われています。

用意するもの

水：7つの異なる水源から汲むというしきたりもありますが、ボトルに入って市販されている水や水道水でも代用可能です。私は家の近くの湧き水を集めて使っています。

聖ヨハネの日の前夜に摘んだハーブ：下記の7種のハーブを調達するか、入手可能な植物を用意します。伝統的には「摘む」とされていますが、ハーブのお店で購入してもかまいません。

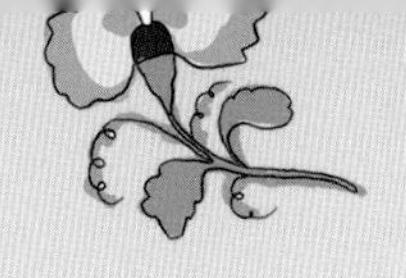

リーザの慣習

祭壇やパーティーの装飾にふさわしい
祝祭のエレメントの例をご紹介します。

ハーブ

シダ
セントジョンズワート
タイム
セージ

樹木

イチジク
桃
プラム

石

ダイヤモンド
シトリン
タイガーアイ
アンバー（琥珀）

キーワード

豊かさ
豊穣
修復、改築
生命
火
パワー
美

色

イエロー
ゴールド
白
オレンジ

シンボルとエレメント

イチジク
かがり火
光
太陽
白いキャンドル
黄色いキャンドル
集まり
ハーブ
太陽神ヘリオス
ハチミツ水
ケイマーダ

タロット

太陽
愚者
金貨のクイーン

動物

雄牛
馬
スズメ
ワシ
蝶

魔法の意図

活力
豊穣

ヒマワリ

ヒマワリは太陽を表します。魔法の空間やパーティーの飾りに使えます。

装いのヒント

白い服にイエローやゴールドなど暖色系のジュエリーや、太陽と関係があるイエロー系の花が理想的です。私が大好きなリーザの慣習、ケイマーダ（P.90）はガリシアやエル・ビエルソ地方で恒例となっています。夏至の日や、特別な機会に開催されます。

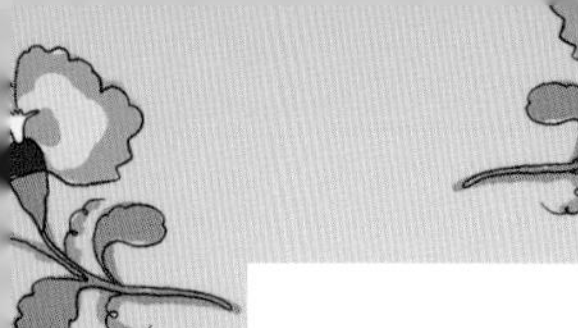

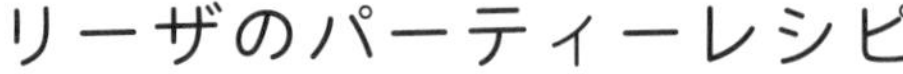

リーザのパーティーレシピ

このお祭りを祝うための、伝統的なレシピをご紹介します。みんなで一緒に作って楽しむか、お客様を招いたときのおもてなしの参考にして下さい。ピクニックのお供にしたり、庭で楽しんだりできれば最高です。

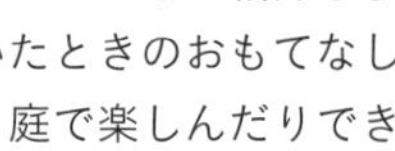

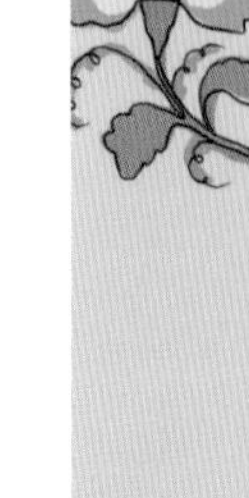

リーザティー

用意するもの

- 紅茶（淹れて冷やしておきます）
- 生のミント葉
- 砂糖
- ラズベリー

作り方

ガラスの広口瓶かピッチャーに、紅茶とミントの葉を入れて混ぜます。お好みの量の砂糖を入れて下さい。新鮮なラズベリーを混ぜ入れ、グラスに注ぎます。

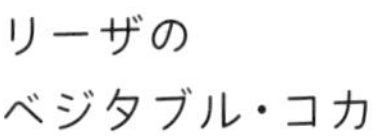

リーザの
ベジタブル・コカ

用意するもの（12 人分）

- ワケギ適量
- スイスチャード（フダンソウ）1 束
- 赤ピーマン 1 個
- トマト 1 個
- ニンニク
- パフペストリー（市販の生地）
- オリーブオイル
- パプリカパウダー
- 塩

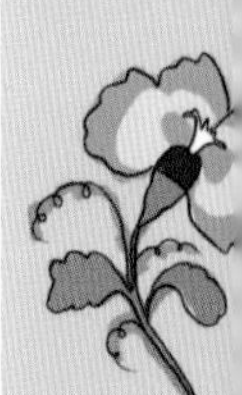

作り方

オーブンは 180° C に予熱しておきます。
野菜類を水洗いして細切りにします。ニンニクはお好みに合わせて、房のままか、みじん切りにして下さい。
パフペストリーの生地シートを天板に乗せます。膨らみ過ぎを防ぐため、フォークで全体をまんべんなく刺して穴を空け、オリーブオイルを全体にふりかけます。
生地に野菜類をトッピングし、塩とパプリカパウダーをふりかけます。
黄金色になるまで約 30 分、オーブンで焼きます。

ヒント：生地をカリっと焼き上げたい場合は、先に生地だけを 5 分ほど焼いてから野菜をトッピングして下さい。

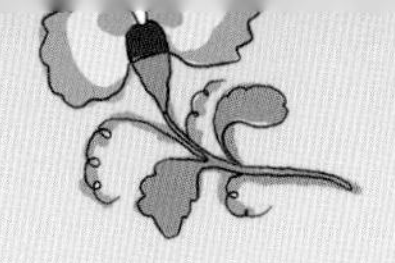

リーザの魔法：妖精に願い事をする

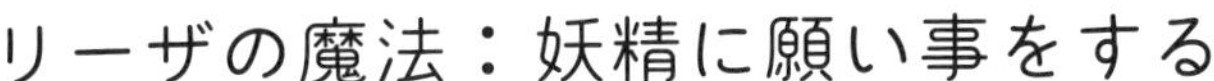

パーティーの終わりに全員でできるおまじないです。
あなた１人で祭壇に向かって行うことも可能です。

用意するもの

- 白いキャンドル１本
- 小さな木箱１個
- ローレル３枚
- タンポポ３本
- 紙
- 鉛筆

方法

妖精に宛てた手紙に願い事を書きます。願い事は、純粋な意図に従ったものであることが重要です。すべてのエレメントを木箱に入れ（クォーツや他の植物など、願い事に関するものを付け足してもかまいません）、願いが叶うよう妖精に祈ります。その願いが実現するまで、箱は閉じたままにしておきましょう（妖精は私たちとは異なる時間を過ごしているため、願いが叶うまでには長い時間がかかるかもしれません）。

リーザのキャンドル

太陽と豊かさとのつながりがある蜜蝋キャンドル（P.27）はリーザの祝祭にぴったりです。P.87 のリストにある植物で飾ったキャンドルも適しています。

リーザのバスソルト

バスソルトを小瓶に詰めて、パーティーの最後にお客様におみやげとして配りましょう。あなた１人で祝う場合は自分用に作り、楽しんで下さい。以下の材料を乳鉢に入れて混ぜ合わせ、満月の光の下ですりつぶします。

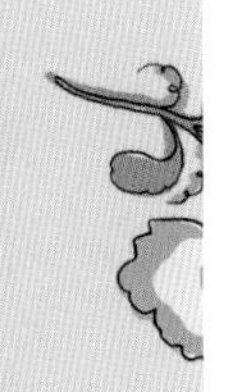

用意するもの

- 砂糖
- レモンの精油３滴
- オレンジの精油３滴
- 乾燥させた柑橘類のスライス
- 儀式用の粗塩
- 小さなグラス１杯の水（日光にさらす）

沐浴の方法

浴槽にお湯をはり、お湯にすべての材料を入れてつかります。あがったら身体をタオルで拭かず、水滴を手で軽く払って自然に乾かして下さい。この沐浴はエネルギーを浄めると同時に、あなたの中の太陽のエネルギーを高め、いきいきとした活力を感じさせてくれます。

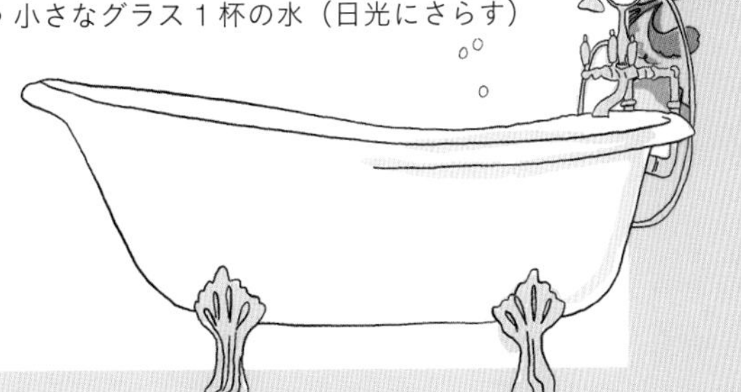

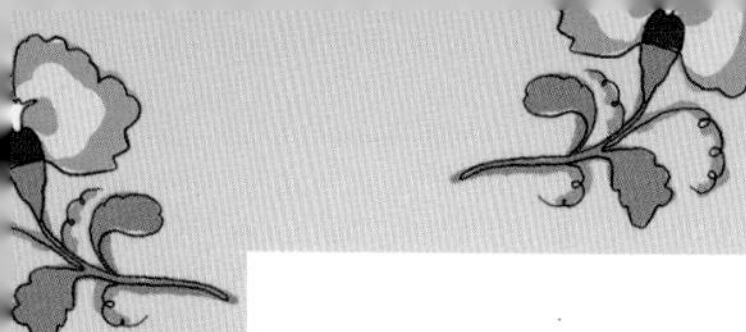
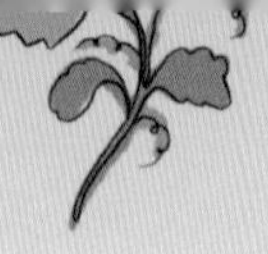

ケイマーダ

スペインのガリシアやエル・ビエルソ地方で夏至の日の夜の行事として最も親しまれているものの１つが「ケイマーダ」です。呪文（次のページにあるコンフーロ）を唱えながら、砂糖とレモンとコーヒー豆を混ぜたアルコールのドリンクを作ります。専用の土鍋が用いられることが多く、カップや陶器製のレードル（杓子）もこの儀式のためだけに用意されます。１人がケイマーダを作る間に、もう１人が呪文を唱えます。

用意するもの

- オルホ（スペインで広く飲まれる蒸留酒）
- 砂糖 1/2 カップと、火を点ける際に使う分量（ひとつまみ）
- レモンの皮 1/2 個分
- コーヒー豆 ７個

作り方

1. 用意したオルホの大部分を土鍋に注ぎ入れ、砂糖とレモンの皮とコーヒー豆を加えます。

2. 残りのオルホと砂糖ひとつまみをレードルに入れて火を点け、ゆっくりと土鍋の中におろして鍋の中身に火を移します。

3. 土鍋の底にたまった砂糖が表面の炎に近づくように、レードルでかき混ぜます。砂糖がカラメルのようになり、オルホの色が変わり始めます。

4. 炎が青みがかったら土鍋に蓋をして炎を消すか、アルコール分が燃え尽きてコーヒーとレモンの味がする甘い水になるまで続けます。早めに炎を消すのが伝統的なケイマーダです。燃えている時間は15分間ほどです。

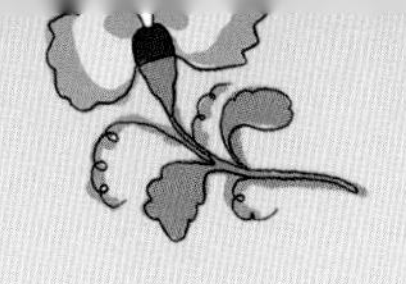

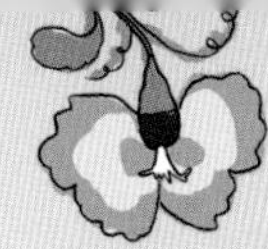

コンフーロ

（呪文）

フクロウ、メンフクロウ、ヒキガエル、魔女

ゴブリン、デーモン、デビル

霧深き野の精霊、大鴉、火の精、魔女

ぴんと立つ黒猫の尻尾と癒やし手のあらゆる呪文……

穴あきの腐った茎に宿る有象無象の害虫ども、

死霊の鬼火、呪い、黒い呪文、死者のにおい、稲妻と雷鳴

山羊の鼻先とウサギの足、

狐の叫び、貂の尻尾、犬の遠吠え、死者の泣き声……

老いた男に嫁いだよこしまな女の罪深い舌は

サタンと魔王の地獄、屍を燃やす火

サン・シルベストレの夜に灯る火、

淫売のバラバラ死体、醜悪な尻からの放屁……

憤怒する海の轟音、難破の予兆、

独り身の女の使い手のない子宮、

焼かれる猫の声、切り刻まれた山羊の汚れた毛皮、

雄鹿のねじれた角……

われはこの杓子で炎を燃やす

それは地獄の業火さながら、魔女の悪事の大浄化

ほうきに乗って逃げ出しフィステーラの海に飛び込む者も出るだろう

聞けよ、聞け！その叫び！

それこそ聖火に焼かれる魔女の声……

この酒をわれらが飲み干すやわれらの魂の悪は消え

呪縛からは解き放たれる。風と大地、海と火の力！

われはそなたにお願い申す、

人より力が強いなら、ただちに悪を祓いたまえ、

ここにいない友の御霊も

われらと集え、このケイマーダに

ラマス
8月1日

ラマス（ルーナサ）は作物の成熟を祝う祝祭で、特にサクランボと関わりがあります。実りへの感謝を神に捧げる多神教の慣習が由来となっています。この季節に実る果実たちは、秋へと向かうための準備とみなされています。

祭壇を飾るもの

麦わら人形

麦わらを使った人形作りは、多くの文化において伝承されています。麦わら人形は「穀物の女神」や「収穫の女王」とも呼ばれています。

用意するもの

- 小麦の茎または藁 30 本
- 麻または木綿の糸
- ハサミ

作り方

1. 縛って頭を作ります。
2. 少量を広げて腕を作ります。
3. 腕の部分を編んでまとめます。
4. ウエストの位置で縛り、くびれを作ります。
5. 服を着せても OK です。

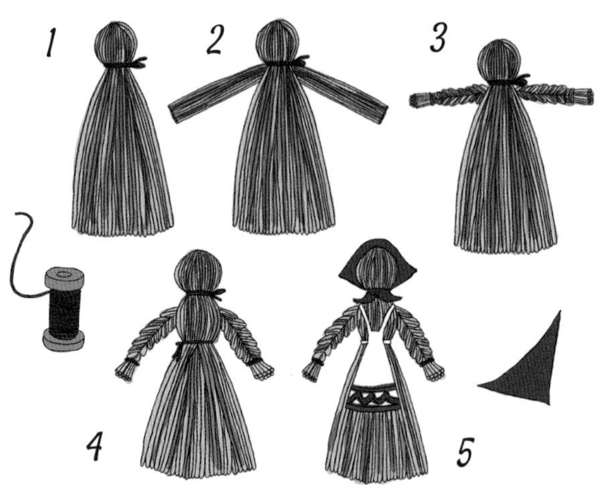

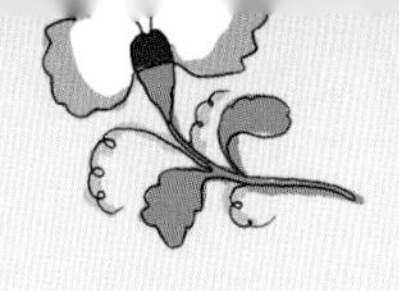
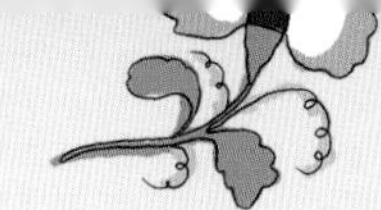

ラマスの慣習

祭壇やパーティーの装飾にふさわしい
祝祭のエレメントの例をご紹介します。

花

ポピー
牡丹
バラ

ハーブ

サンダルウッド
バーベナ
ローズマリー
ウィート（小麦）
コーン

石

シトリン
ゴールデントパーズ
モスアゲート
オブシディアン
イエローアベンチュリン
カーネリアン
オニキス

キーワード

収穫
労働
休息

色

ライトブラウン
ベージュ
エクリュ
ブロンズ
オレンジ

シンボルとエレメント

小麦
コーン
コルヌコピア
パン
穀物
大地
車輪
馬車

神

アルテミス
セレス
ハトホル

タロット

戦車
運命の輪

動物

カラス
豚
雄鶏

魔法の意図

感謝
豊かさ
経済
成長
変容
力強さ
保護
先祖

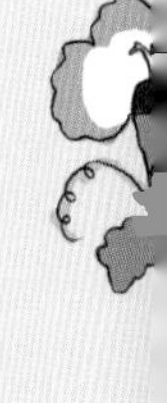

装いのヒント

コットンやウールをはじめとする天然繊維（もしくは、お住まいの地域の気候などに適した素材）のカラフルな装いが理想的です。髪は編むか、小麦の茎か藁で作った冠を髪飾りにします。ラマスのパーティーで、みんなで一緒に藁の冠を作ってもよいでしょう。

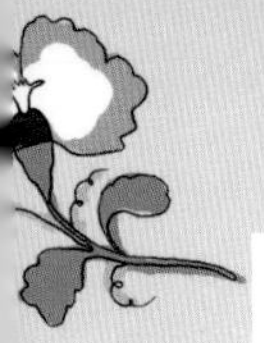
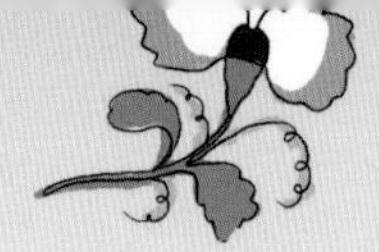

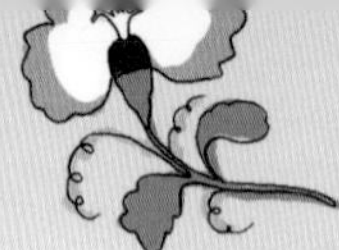

ラマスのパーティーレシピ

このお祭りを祝うための、伝統的なレシピをご紹介します。みんなで一緒に作って楽しむか、お客様を招いたときのおもてなしの参考にして下さい。ピクニックのお供にしたり、庭で楽しんだりできれば最高です。

ラマスのカクテル

用意するもの

- リンゴ酒 25 オンス（約 740ml）
- シナモンスティック 1/2 本
- リンゴ 1/2 個（スライスする）
- 赤ワイン 1/2 カップ

作り方

リンゴ酒を広口瓶に注ぎ入れ、シナモンスティックとスライスしたリンゴを入れて 10 日間漬けておきます。漬け終えたら、中身を濾しながら、別の容器に移し替え、赤ワインを加えます。温かい飲み物としても、冷たい飲み物としてもおいしいです。

ラマス・ブレッド

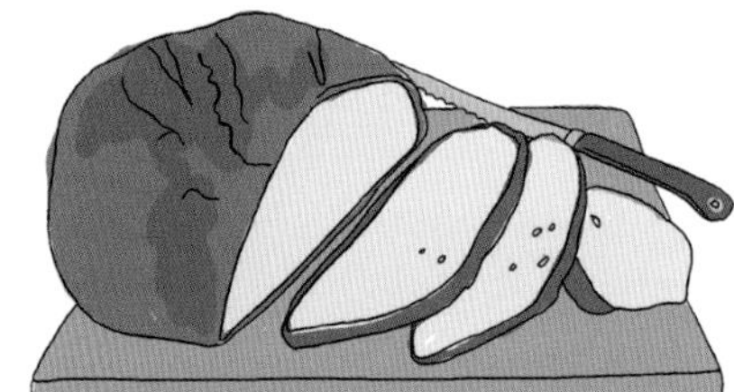

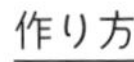

用意するもの

- お湯 1 と 1/3 カップ
- パン酵母 14g
- 砂糖 小匙 2 と 1/2 杯
- エキストラ・バージン・ オリーブオイル 小匙 2 と 1/2 杯と少量
- 小麦粉 3 カップと少量
- 塩 小匙 1 と 3/4 杯

作り方

オーブンは 200°C に予熱しておきます。
大きめのボウルにお湯を入れ、パン酵母と砂糖を加えてかきまぜます。
小麦粉の半分の分量とオイルを加え、塊がなくなるまでよく混ぜ、ボウルを布巾で覆って 20 分間寝かせます。
残りの小麦粉と塩を加え、しっかりとした生地になるまで混ぜて下さい。
生地の表面に薄く小麦粉をまぶし、手にオイルを塗って生地をこね、平らな丸形にします。ナイフで表面に切れ目を入れます。
オイルを薄く塗ったベーキングシートに生地を置きます。オーブンで黄金色になるまで 45 分間焼きます。表面を軽く叩いて空洞のような音がすれば、完成です。

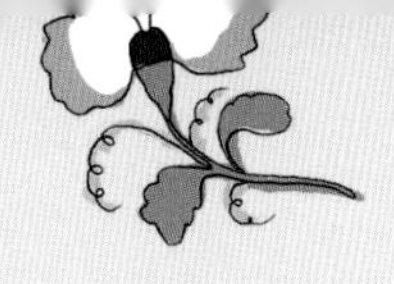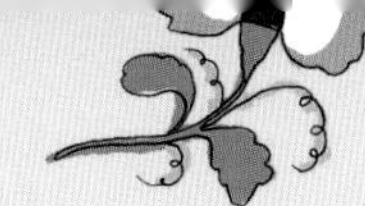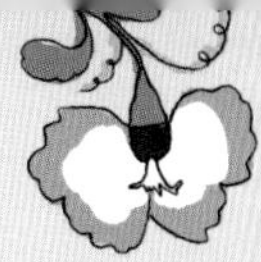

ラマスのおまじない

この祝祭のエネルギーをチャージした「魔法の粉」を作ってお祭りを盛り上げましょう。お祝いを盛んにする意図があるときには、１年を通していつでも使えます。

用意するもの

- 乳鉢と乳棒
- バーベナ小匙３杯
- ローズペタル小匙３杯
- マリーゴールドの花びら小匙３杯
- サンダルウッドのパウダー小匙１杯

方法

すべての材料を乳鉢に入れてすりつぶし、ラマスの祭壇に置いておきます（予めパウダーを月光でチャージしておいてもよいです）。中身をガラス瓶に保存して、年間を通して使いましょう。

ラマスのキャンドル

以下の材料でキャンドルを装飾します(P. 29 をご覧下さい)。

- バーベナ
- マリーゴールド
- バラ
- 挽いた小麦

ラマスのバスソルト

バスソルトを小瓶に詰めて、パーティーの最後にお客様におみやげとして配りましょう。あなた１人で祝う場合は自分用に作り、楽しんで下さい。以下の材料を乳鉢に入れて混ぜ合わせ、満月の光の下ですりつぶします。

用意するもの

- ローズペタル
- マリーゴールド
- バーベナ
- コーンスターチ小匙１杯
- 儀式用の粗塩
- ローズマリーオイル１滴

沐浴の方法

浴槽にお湯をはり、お湯にすべての材料を入れてつかります。あがったら身体をタオルで拭かず、水滴を手で軽く払って自然に乾かして下さい。この沐浴は自分自身の内面の力への感謝と、さらに成長して強くなることを促してくれます。

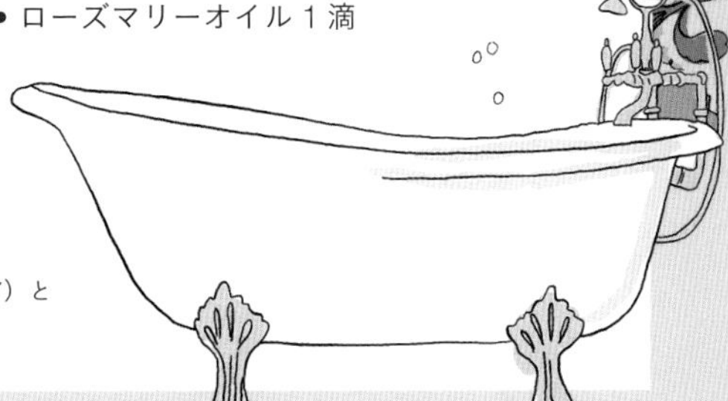

※訳注：原書ではユールのバスソルト（P.107）と同じレシピが掲載されています。

メイボン
秋分

メイボンは収穫の祝祭としては２度目のお祭りで、秋分の日に行います。この祝祭の間はリンゴを神聖なものとして大切にします。リンゴは魔法や魔術、女神ペルセポネとの関わりが深い果実です。

祭壇を飾るもの

秋のリース

用意するもの

- 木綿の糸または紐
- 小枝
- 乾燥させた木の葉
- 松ぼっくり、リンゴ、ナッツ
- 金属製の輪

作り方

木綿糸または紐を使い、輪の周囲にいろいろなエレメントを編んで付けていきます。最初に大きなものを取り付けてから、隙間を埋めるようにして小さなものを配置しましょう。

魔女のほうき

用意するもの

- 小枝
- より糸
- 棒

作り方

庭や公園を散歩して、いろいろなエレメントを集めることを自然界に許可してもらいます。
より糸を使い、小枝を棒の先に結びつけます。祭壇の掃除をするときに、このほうきを使いましょう。魔法の空間を保護するアミュレットとしても使えます。

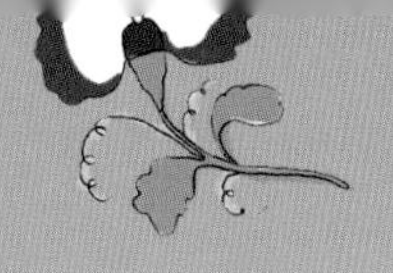
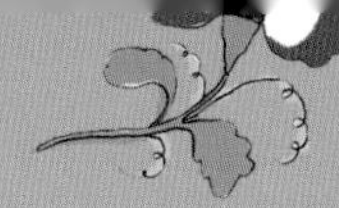

メイボンの慣習

祭壇やパーティーの装飾にふさわしい
祝祭のエレメントの例をご紹介します。

花

菊
カレンデュラ

ハーブ

セージ
マートル
バジル
ナツメグ

石

サファイア
ラピスラズリ
アンバー（琥珀）
タイガーアイ
スモーキークォーツ
ヘマタイト
アベンチュリン

キーワード

収穫
秋
秋分
バスケット

色

ブラウン
黄土色
イエロー
オレンジ
赤

シンボルとエレメント

リンゴ
パン
枯れ葉
枝
マッシュルーム
コルヌコピア
アップルパイ
松ぼっくり
ナッツ

神

ソー
モリガン
ペルセポネ
デメテル

タロット

女帝
吊るされた人
世界

動物

クロウタドリ
フクロウ
リス
オオカミ

魔法の意図

変化
感謝
準備
叡智
富
学び

装いのヒント

ブラウン系をはじめとする秋の色が理想的です。木の実や乾燥させた木の葉でブローチや飾りを作ったり、皮革や羊毛をディテールに取り入れた洋服や靴を選んだりしてみて下さい。

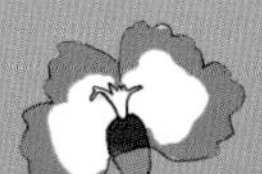

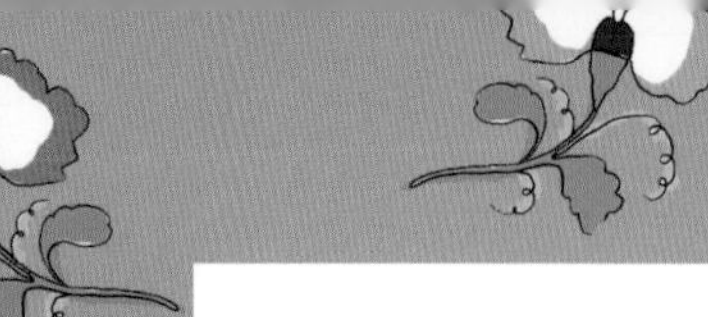

メイボンのパーティーレシピ

このお祭りを祝うための、伝統的なレシピをご紹介します。みんなで一緒に作って楽しむか、お客様を招いたときのおもてなしの参考にして下さい。ピクニックのお供にしたり、庭で楽しんだりできれば最高です。

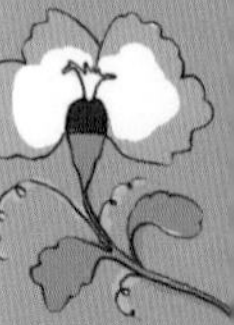

メイボンティー

用意するもの（1人分）

- ルイボスティーの茶葉小匙1杯
- 砂糖漬けのオレンジ輪切り3切れ
- シナモンスティック1本
- スターアニス2個

作り方

耐熱ガラスの瓶かピッチャーに茶葉とオレンジ、シナモン、スターアニスを入れて熱湯を注ぎ、4分間蒸らします。茶漉しで茶葉などを取り除きながらカップに注ぎ、ホットでお召し上がり下さい。

メイボンの焼きリンゴ

用意するもの

- バター
- リンゴ
- 蜂蜜
- 乾燥クルミ
- 乾燥アプリコット
- シナモン
- スターアニス

作り方

オーブンを180°Cに予熱します。ベーキングシートに少量のバターを薄く塗っておきます。
リンゴは芯の周囲の果肉をたっぷりと残し、芯の部分をくり抜きます。
残りの材料は、それぞれを少しだけ余分にとっておき、あとはリンゴの中央に空いた部分に詰めます。とっておいた材料はデコレーション用として、ベーキングシートに散らしておきます。
詰め物をしたリンゴとデコレーションを約40分間オーブンで焼きます。所要時間はリンゴの種類によって多少変わります。果肉が柔らかくなり、蜜が出始めたらでき上がりです。
温かいうちにお召し上がり下さい。バニラアイスクリームやホイップクリームを添えてもおいしいです。

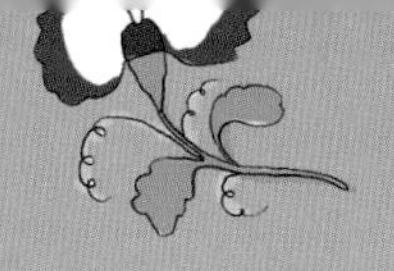
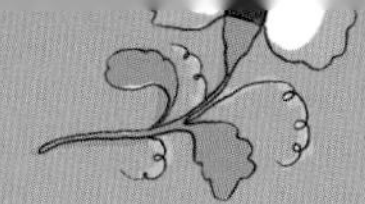

メイボンのおまじない

季節の素材を瓶いっぱいに詰めて、
経済的な繁栄を祈るおまじないです。

用意するもの

- 小さなガラス瓶 1 個
- セージ小匙 3 杯
- バジル小匙 3 杯
- シナモンパウダー小匙 1 杯
- 削ったパロサント小匙 1 杯
- 緑色の蝋
  （小さなキャンドル 1 個分）

方法

容器を手に持ち、豊かさを引き寄せていることを思い浮かべながら材料を入れます（瓶を使ったおまじないについて、詳しくは P.179「10. 魔法のレシピと儀式」をご覧下さい）。入れ終わったら緑色の蝋で封をします。

メイボンのキャンドル

以下の材料でキャンドルを装飾します
（P. 29 をご覧下さい）。

- 削ったパロサント
- ドライアップルの小片
- セージ
- シナモン

メイボンのバスソルト

バスソルトを小瓶に詰めて、パーティーの最後にお客様におみやげとして配りましょう。あなた 1 人で祝う場合は自分用に作り、楽しんで下さい。以下の材料を乳鉢に入れて混ぜ合わせ、満月の光の下ですりつぶします。

沐浴の方法

浴槽にお湯をはり、お湯にすべての材料を入れてつかります。あがったら身体をタオルで拭かず、水滴を手で軽く払って自然に乾かして下さい。この沐浴は豊かさと経済的な繁栄に向かって後押しをしてくれます。

用意するもの

- セージ
- バジルの精油 1 滴
- オリーブオイル 3 滴
- 儀式用の粗塩
- フロリダウォーター 1 カップ

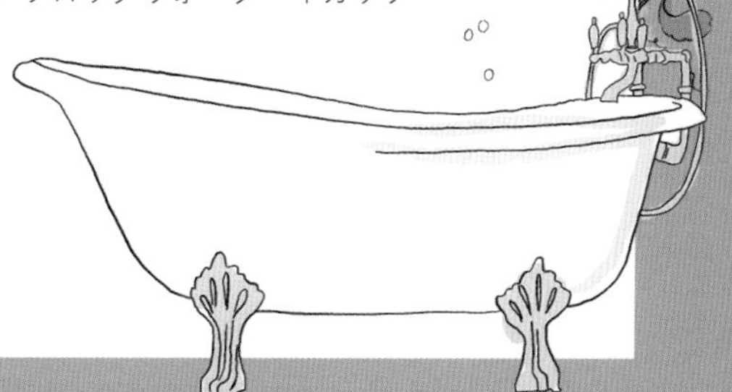

サウィン

10月31日

サウィンはハロウィンの起源となった祝祭です。魔女が集まる夜であり、生きている人たちの世界と死者たちの世界とを隔てるベールが最も薄くなるときです。死者への敬意を表すときでもあり、魔女の集会の中でも最もエネルギーが高まる日です。大衆文化でも、この祝祭には魔女が注目を集めます。

祭壇を飾るもの

サウィンのカボチャ

用意するもの

- カボチャ１個
- ナイフ１本
- 鉛筆１本
- ティーライトキャンドル１個

作り方

カボチャのヘタの周囲を丸くくり抜きます。上の部分を切り取ったら、31日のお祭りの夜にランタンとして使えるように、カボチャを中までくり抜いて空洞にします。次に、カボチャの表面に鉛筆で目と鼻と口を描いてくり抜き、キャンドルの灯りが見えるようにします。

サウィンの慣習

祭壇やパーティーの装飾にふさわしい
祝祭のエレメントの例をご紹介します。

花

菊

ハーブ

パチョリ
コパル
サンダルウッド
パロサント

石

ホワイトクォーツ
トルマリン
オニキス
パイライト
オパール
ルビー
ダイヤモンド
スモーキークォーツ

キーワード

死
魔女
再生

色

黒
オレンジ
グレー
白

シンボルとエレメント

カボチャ
死神
黒猫
釜
頭蓋骨
夜

神

ヘカテ
フレイヤ
リリス
ペルセポネ

タロット

死神
隠者

動物

猫
コウモリ
蜘蛛

魔法の意図

犠牲
影
決断
予知
霊媒師としての力
浄化

装いのヒント

ダークな色の服装が理想的です。ハロウィンの慣習である魔女や吸血鬼、幽霊などの仮装も楽しんでみて下さい。子どもたちが「トリック・オア・トリート（お菓子をくれないとイタズラするぞ）」と近所の家々を訪ねる文化もあります。また他の文化では、ハロウィンの翌日を祝日とする場合もあります。メキシコでは「死者の日」を祝い、亡くなった家族を偲びます。スペインやその他の地域では「諸聖人の日」の祝日があります。

サウィンのパーティーレシピ

このお祭りを祝うための、伝統的なレシピをご紹介します。みんなで一緒に作って楽しむか、お客様を招いたときのおもてなしの参考にして下さい。ピクニックのお供にしたり、庭で楽しんだりできれば最高です。

ビーガン仕様のラムズウール
（サウィンの伝統的な飲み物）

用意するもの

- オーツミルク４カップ
- 焼きリンゴ１個分
- 黒糖適量
- ドライバニラビーンズ１個
- シナモンスティック１本
- オレンジピール適量
- クローブ３個

作り方

小鍋でオーツミルクを温め、リンゴと黒糖、バニラビーンズ、シナモンスティック、オレンジピール、クローブを加えます。それぞれの香りが浸み出たら出来上がりです。

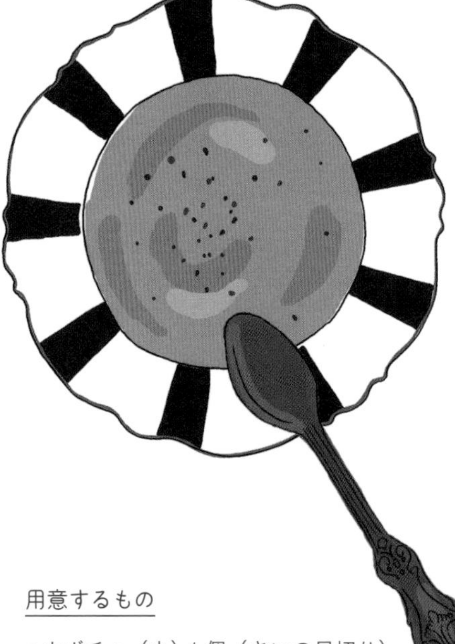

スパイス入りの パンプキンスープ

作り方（４人分）

ソースパンにカボチャとタマネギとじゃがいもを入れ、オリーブオイルで５分間炒めます。やわらかくなったら、材料にかぶるくらいの量のベジタブルブロスを加え、弱火で約１時間コトコトと煮て下さい。スパイスをお好みの量、加えます。仕上げにパンプキンシードを散らします。

用意するもの

- カボチャ（小）１個（さいの目切り）
- タマネギ１個（みじん切り）
- じゃがいも小２個（皮をむいてさいの目切り）
- エキストラ・バージン・オリーブオイル小匙１杯
- ベジタブルブロス
- スパイス（シナモン、ペッパー、ナツメグ）
- パンプキンシード（飾り用）

サウィンのおまじない

この世を去った、大切な人々を偲ぶ祭壇

これはメキシコの「死者の日」に着想を得た、先祖への敬意を表す儀式です。亡くなった家族や親戚の写真を魔法の空間に飾り、その人たちが好きだったものを置きます（食べ物や品物など）。その人たちへの思いを書き、白いキャンドルを灯して偲びます。

ディヴィネーション（占い）

サウィンの夜に、タロットカードを使って将来を占ってみましょう。詳しくはP.143「9. ディヴィネーション（占い）」をご覧下さい。

サウィンのキャンドル

白または黒いキャンドルを使い、以下の材料でキャンドルを装飾します（P. 29をご覧下さい）。

- パロサントのチップ
- 乾燥パチョリ
- ブラックソルト（P. 180）
- クローブ

サウィンのバスソルト

バスソルトを小瓶に詰めて、パーティーの最後にお客様におみやげとして配りましょう。あなた1人で祝う場合は自分用に作り、楽しんで下さい。以下の材料を乳鉢に入れて混ぜ合わせ、満月の光の下ですりつぶします。

用意するもの

- クローブ1片
- パチョリの精油1滴
- 儀式用の粗塩
- フロリダウォーター1カップ

沐浴の方法

浴槽にお湯をはり、お湯にすべての材料を入れてつかります。あがったら身体をタオルで拭かず、水滴を手で軽く払って自然に乾かして下さい。この沐浴は古いエネルギーを洗い流し、あなたの霊的な側面に働きかけます。

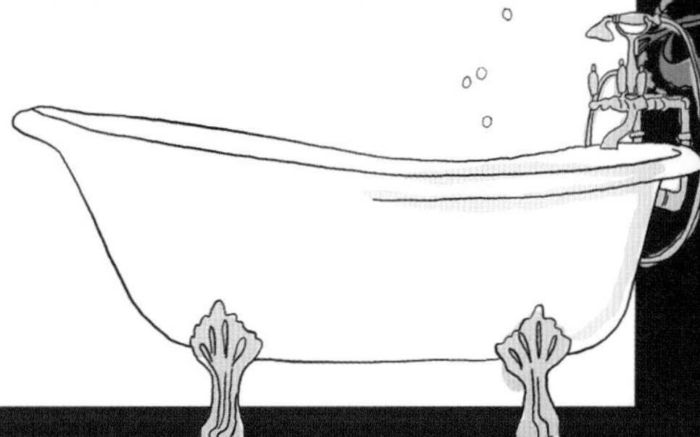

ユール

冬至

ユールは冬至のお祭りで、1年の中で最も長い夜を祝います。大昔の異教徒たちは昼間がもっと明るくなることを願い、太陽が戻ってくるようにと祈りました。ユールの夜にはキャンドルを灯し、太陽を尊びながら回想をし、感謝を捧げます。常緑樹の葉で作るアドベント・リースなど、クリスマスの慣習の多くがユールの伝統から生まれています。

祭壇を飾るもの

ユールの丸太

用意するもの

1. ユールの丸太1本
2. ローズヒップ
3. ヤドリギ
4. ヒイラギ
5. キャンドル3本
6. トウヒの葉

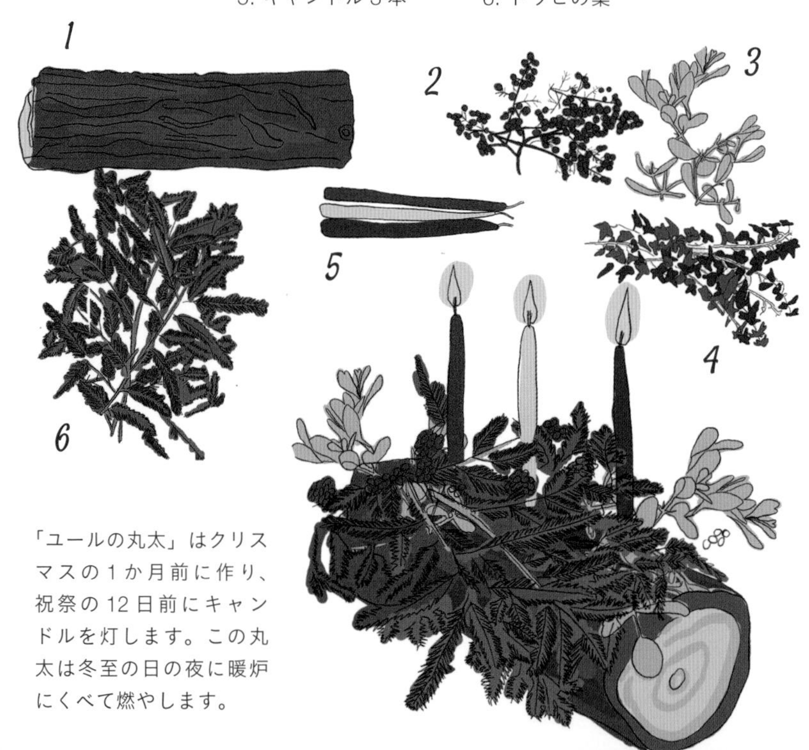

「ユールの丸太」はクリスマスの1か月前に作り、祝祭の12日前にキャンドルを灯します。この丸太は冬至の日の夜に暖炉にくべて燃やします。

ユールの慣習

祭壇やパーティーの装飾にふさわしい
祝祭のエレメントの例をご紹介します。

花

ポインセチア
ユリ

ハーブ

カルダモン
シナモン
クローブ
サフラン
アイビー

石

モスアゲート
アメジスト
オニキス
タンザナイト
ターコイズ

色

ダークグリーン
ブラウン
赤
ゴールド
シルバー

キーワード

共感
誕生
静寂

シンボルとエレメント

燭台
松
丸太
オーナメント
ヤドリギ
ビスケット
柑橘類
お茶
スイーツ
ベル、鐘
ソリの鈴

神

デメテル
ブリギッド
オーディン

タロット

魔術師
世界
金貨

動物

トナカイ
クマ
馬

魔法の意図

叡智
サイクル
挑戦
家族
祝賀
勉学
振り返り

装いのヒント

あなたのワードローブの中で一番よいものを着るのが理想的です。この祝祭のパーティーのための伝統的な色はベージュや白、赤、緑ですが、みんながそれらの色を着て集まるとまるで絵本や映画の『グリンチ』のようになってしまうかもしれません。ですから、伝統的な色は気にせず、エレガントな装いで出かけましょう。

ユールのパーティーレシピ

このお祭りを祝うための、伝統的なレシピをご紹介します。みんなで一緒に作って楽しむか、お客様を招いたときのおもてなしの参考にして下さい。ピクニックのお供にしたり、庭で楽しんだりできれば最高です。

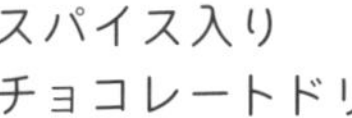

スパイス入り
チョコレートドリンク

用意するもの

- オーツミルク
- カルダモン
- シナモン
- クローブ
- ホイップクリーム
- ココアパウダー

作り方

小鍋にオーツミルクを入れて弱火で熱し、お好みの量のスパイスを入れます。ホイップクリームとココアパウダーをトッピングして、ホットドリンクとしてお楽しみ下さい。

ユール・ログ
（丸太のケーキ）

用意するもの

[中のクリーム]

- 乳脂肪分 36% 以上の
  生クリーム 1/2 カップ
- 板チョコ（ダーク）1 枚

[スポンジケーキ]

- 卵 4 個
- 砂糖 1/2 カップ
- 小麦粉 1/2 カップと小匙 2 杯
  （ふるいにかけておく）
- 塩少々
- バニラエッセンス小匙 1/2 杯
- オイル
- ベリー類
- 季節の飾り

作り方

オーブンを 180° C に予熱します。
小鍋に生クリームを入れ、強火で沸騰させます。チョコレートを加えて弱火にして完全に溶けたら火を止め、冷ましておきます。
ボウルに卵を割り入れて砂糖を加え、ピンと角が立つまで泡立てて下さい。ふるいにかけた小麦粉と塩を、泡立てた卵にそっと入れ、バニラを加えます。
30cm × 45cm 程度の焼き型に薄くオイルを塗り、ボウルの中身を入れてオーブンで 10 分間焼きます。焼き上がったら冷ましておきます。
クリームをケーキの表面に塗って層を作り、丸太の形に巻きます。残りのクリームをロールケーキの上に塗ってのばし、フォークを使って、木の皮に見立てた線を付けます。お好みでベリー類や、季節のものでデコレーションして下さい。

ユールのおまじない

ユールの祝祭のエネルギーをチャージした魔法の粉を作りましょう。祝祭の意図があるときはいつでも、1年中使えます。

用意するもの

- 乳鉢と乳棒
- 松の実または葉
- カルダモン
- シナモン
- クローブ
- ココアパウダー

作り方

すべての材料を乳鉢に入れて乳棒ですりつぶし、ユールの祝祭の間、祭壇に置いておきます（月光の下に置いてエネルギーをチャージしてもOKです）。ガラスの容器に保存して、1年を通して使いましょう。

ユールのキャンドル

以下の材料でキャンドルを装飾します(P. 29をご覧下さい)。

- カルダモン
- シナモン
- クローブ
- ココアパウダー

ユールのバスソルト

バスソルトを小瓶に詰めて、パーティーの最後にお客様におみやげとして配りましょう。あなた1人で祝う場合は自分用に作り、楽しんで下さい。以下の材料を乳鉢に入れて混ぜ合わせ、満月の光の下ですりつぶします。

用意するもの

- ローズペタル
- マリーゴールド
- バーベナ
- コーンスターチ小匙1杯
- 儀式用の粗塩
- ローズマリーオイル1滴

沐浴の方法

浴槽にお湯をはり、お湯にすべての材料を入れてつかります。あがったら身体をタオルで拭かず、水滴を手で軽く払って自然に乾かして下さい。この沐浴は私たちに力強さを与え、新年のスタートを素晴らしいものにしてくれます。

※訳注：原書ではラマスのバスソルト(P.95)と同じレシピが掲載されています。

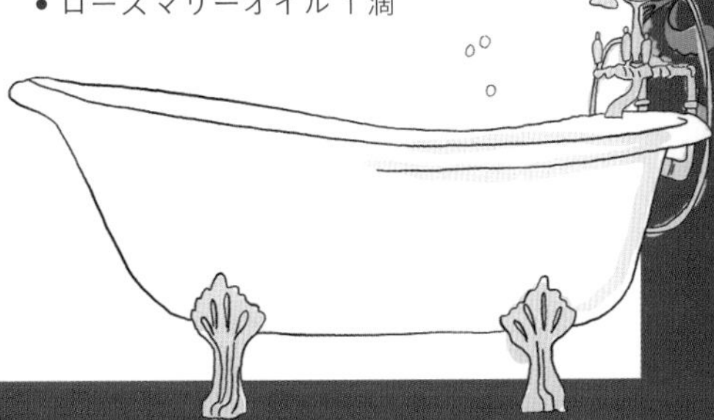

インボルク

2月1日または2日

インボルクは豊穣と光、そして女神ブリギッドを祝う祝祭です（地域やその年によって2月1日または2日に行われます）。キリスト教の暦では聖ブリギッドと聖燭祭との関わりがあります。インボルクは羊が仔に乳を与え始める時期でもあることから、再生の象徴とされています。

聖ブリギッドの十字架

聖ブリギッドの十字架は、この祝祭の要となる重要なものです。インボルクの間は祭壇に飾っておき、祝日が終わったら、翌年のインボルクの日まで、お守りとして玄関か部屋の戸口の近くにかけておきます。1年経ったら、それまで使っていたものを燃やして新しいものと取り換えます。

作り方

図のアルファベット順に編んで下さい。素材は紙でもよいですし、植物の繊維も使えます。

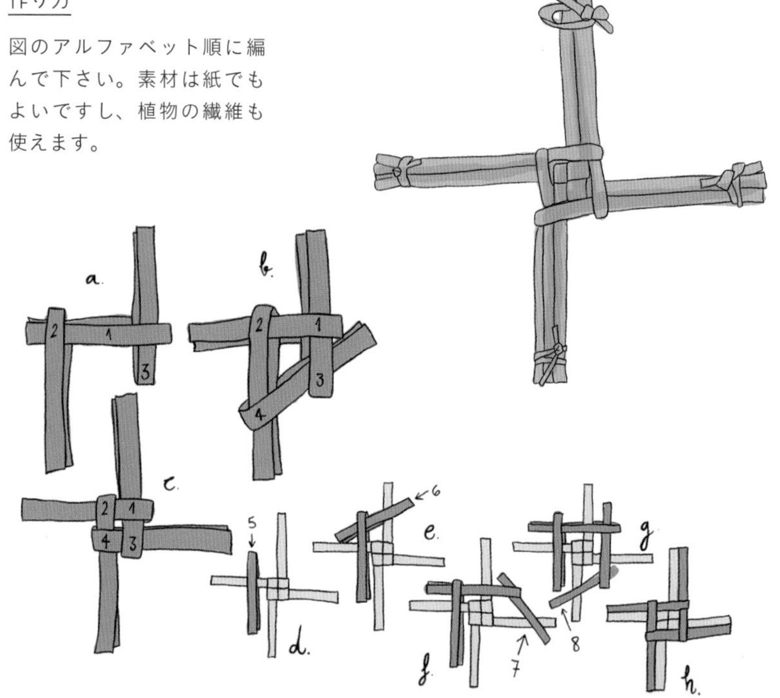

インボルクの慣習

祭壇やパーティーの装飾にふさわしい
祝祭のエレメントの例をご紹介します。

花

アイリス
プルメリア
スイセン
ナナカマド

ハーブ

アンジェリカ
バジル
シナモン

樹木

ハコヤナギ
カバノキ
セイヨウカジカエデ
(シカモア)

石

アメジスト
カルサイト
マラカイト
ムーンストーン
ターコイズ
セレナイト

色

ゴールド
白
ブラウン
ピンク

キーワード

目覚め
始まり
変化
移行
純粋さ
忍耐

シンボルとエレメント

ブリギッドクロス
トウモロコシ人形
白いキャンドル
ほうき
ラムズウール
ミルク
チーズ
じゃがいも
ブルーベリー
ストロベリー
水

神

ブリギッド
ガイア
アンガス

タロット

死神
星
力

動物

乳牛
ドラゴン
羊
白鳥

魔法の意図

アストラル投影
再生
誕生
浄化
保護
若さ

装いのヒント

ブラウンやベージュや白を基調に、黄土色やゴールド、オレンジなどでディテールにアクセントをつけましょう。インボルクは羊にまつわる祝祭ですから、素材はウールが最適です。聖ブリギッドを称えるキャンドルを付けた冠にも、ウール素材がよく使われます。

インボルクのパーティーレシピ

このお祭りを祝うための、伝統的なレシピをご紹介します。みんなで一緒に作って楽しむか、お客様を招いたときのおもてなしの参考にして下さい。ピクニックのお供にしたり、庭で楽しんだりできれば最高です。

ストロベリーミルクシェイク

用意するもの

- イチゴ
- ミルク（またはその代用品）

作り方

イチゴをこまかく刻んでブレンダーに入れます。そこにミルクを加え、なめらかになるまでブレンドします。お好みでラズベリーやブルーベリーを加えてもおいしいです。

ブルーベリーチョコレートクリームケーキ

用意するもの（12 人分）

[スポンジケーキの材料]
- バター小匙 3 と 1/2 杯
- ふるいにかけた小麦粉 1 カップ
- ココアパウダー 3/4 カップ
- 卵 4 個
- 砂糖 1/2 カップ + 小匙 2 杯
- バニラエッセンス
- オイル少量

[デコレーションの材料]
- ブルーベリー
- ホイップクリーム

作り方

オーブンを 190° C に予熱しておきます。
大きめのボウルにバターとふるいにかけた小麦粉とココアパウダーを入れて混ぜ合わせます。卵を割り入れ、砂糖とバニラを加え、よく混ぜて下さい。
丸い焼き型に薄くオイルを引いて、ケーキの生地を流し込み、オーブンで 30 分間焼きます。つまようじで刺して引き抜き、生地がくっついてこなければ焼き上がりです。
ケーキが冷めたら型から取り出します。図のように水平に 2 か所を切って 3 段にし、間にホイップクリームを塗ってはさみます。残りのホイップクリームとブルーベリーをトッピングしてでき上がりです。

インボルクのおまじない

パーティーの終わりに全員でできるおまじないです。
あなた１人で祭壇に向かって行うことも可能です。

用意するもの

- 白いキャンドルまたはインボルクのキャンドル１人につき１本
- パロサントやローズマリーなど、浄化用のハーブ

方法

身近な人々のグループとあなた自身のエネルギーの浄化のおまじないです。１人ひとりが自分のキャンドルに火を灯します。香炉にパロサントか浄化用のハーブを入れて焚き、それを囲むようにして輪になり、手をつないで瞑想します。煙が古いエネルギーを洗い流し、浄化するのを感じて下さい。

インボルクのキャンドル

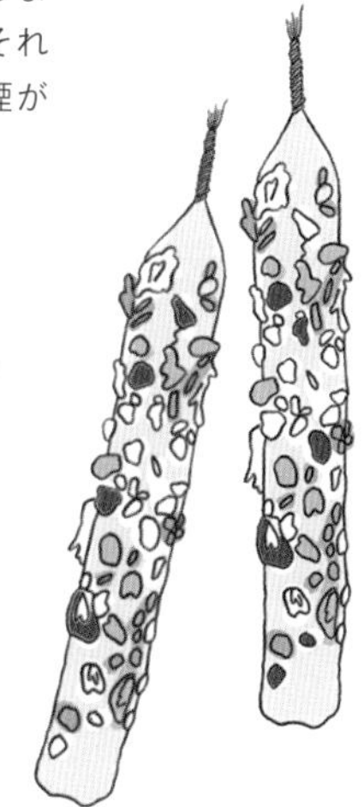

以下の材料でキャンドルを装飾します
(P.29をご覧下さい)。

- アンジェリカ
- 乾燥ストロベリー
- バジル
- シナモン

インボルクのバスソルト

バスソルトを小瓶に詰めて、パーティーの最後にお客様におみやげとして配りましょう。あなた１人で祝う場合は自分用に作り、楽しんで下さい。以下の材料を乳鉢に入れて混ぜ合わせ、満月の光の下ですりつぶします。

用意するもの

- ミルクまたはオーツミルクグラス１杯
- 乾燥ストロベリー
- ローズヒップオイル３滴
- 儀式用の粗塩

沐浴の方法

浴槽にお湯をはり、お湯にすべての材料を入れてつかります。あがったら身体をタオルで拭かず、水滴を手で軽く払って自然に乾かして下さい。この沐浴は愛と豊かさ、新たな始まりをあなたに引き寄せてくれます。

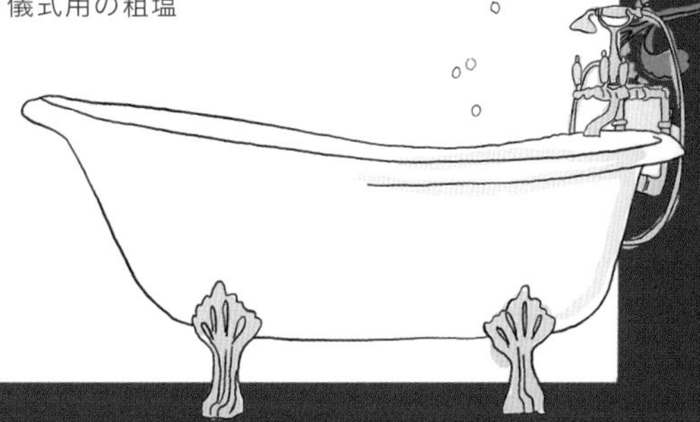

オスタラ

春分

オスタラは春の訪れの祝祭です。卵を色彩豊かに色づけする「エッグ・ペインティング」といったイースターの慣習の起源をオスタラに見ることができます。

オスタラ・エッグ

誕生や始まり、新しい機会になぞらえて、ニワトリの卵をカラフルに色づけして飾る慣習があります。茹で卵に色を塗ってもよいですが、中身はあまり日持ちがしないので気をつけて下さい。生卵の場合は針で殻に穴を空け、中身を取り出しておきます。卵の殻にペイントをする前に、どんな柄やモチーフを描くかを紙に描いておくとよいでしょう。下のテンプレートを使って練習してみて下さい。

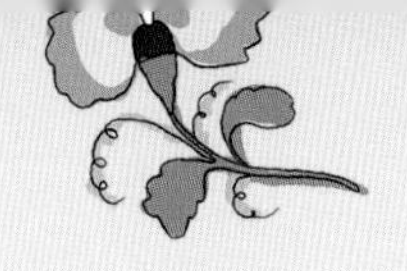
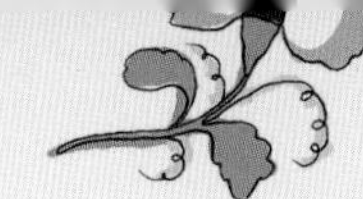

オスタラの慣習

祭壇やパーティーの装飾にふさわしい
祝祭のエレメントの例をご紹介します。

花

ヒナギク
チューリップ
スミレ
ジャスミン
ライラック

ハーブ

レモングラス
スペアミント
ミント
レダマ

樹木

リンゴ
オレンジ
レモン

石

アゲート
アクアマリン
アベンチュリン
シトリン
ジェイド（翡翠）
ルビー

キーワード

バランス
誕生
変化
愛
始まり
豊穣

色

グリーン
ライトブルー
ピンク
シルバー
白

シンボルとエレメント

バスケット
卵
蝶
種
アスパラガス
蜂蜜
ラディッシュ
春の大掃除
手芸
ガーデニング

タロット

女帝
正義
星

動物

ハチ
蝶
ヒヨコ
ウサギ
フェニックス

魔法の意図

愛
欲望
豊かさ
バランス
成長
情熱

装いのヒント

身に着けるものはベルティネと同じですが、洋服と花冠をパステルカラーで揃えると、オスタラらしい雰囲気になります。

花冠

右の図のように茎を編めば、手作りの花冠ができます。

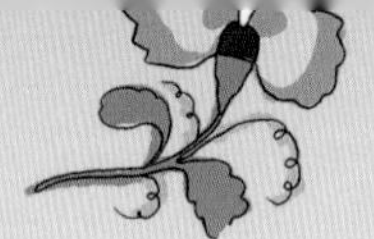

オスタラのパーティーレシピ

このお祭りを祝うための、伝統的なレシピをご紹介します。みんなで一緒に作って楽しむか、お客様を招いたときのおもてなしの参考にして下さい。ピクニックのお供にしたり、庭で楽しんだりできれば最高です。

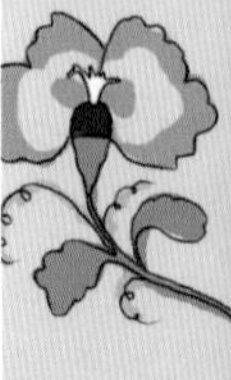

グラスホッパー・カクテル

用意するもの

- 砕いた氷
- クレーム・デ・メント 30ml
- クレーム・デ・カカオ 30ml
- 生クリーム 60ml

作り方

すべての材料をブレンダーまたはシェイカーでよく混ぜ合わせます。よく冷えた状態でお召し上がり下さい。

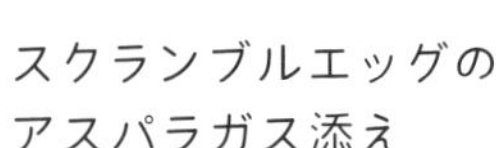

スクランブルエッグのアスパラガス添え

用意するもの（4人分）

- アスパラガス 20本
- エキストラ・バージン・オリーブオイル
- 卵6個
- 塩
- コショウ
- 生のハーブ（お好みで）
- ライ麦パン4切れ
- バター

作り方

アスパラガスを食べやすい長さに切ります。

フライパンにたっぷりとオリーブオイルを入れてアスパラガスを炒め、お皿に取り出します。

卵を器に割り入れ、なめらかになるまで溶き、塩コショウとハーブ（あれば）を入れ、炒めたアスパラガスを加えます。

フライパンでオリーブオイルを熱し、卵液を流し込んで弱火にします。卵が柔らかい状態になるまでかきまぜながら熱を加えます。

フライパンでバターを熱し、ライ麦パンをトーストします。トーストに卵をのせ、塩コショウで味を整えたら出来上がりです。

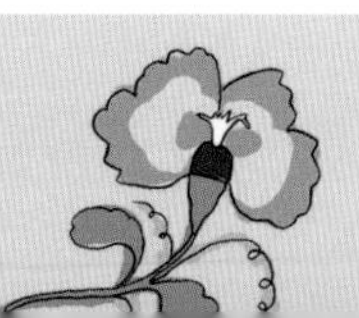
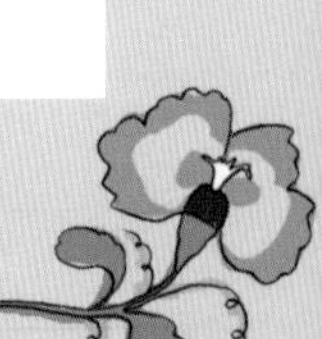

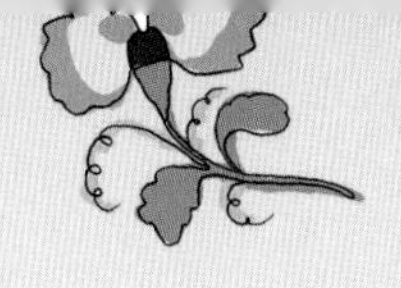
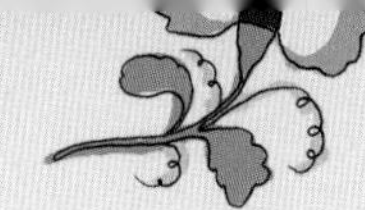

オスタラのおまじない

種まきの儀式

植物の種子に祝福と祈りを捧げ、新しいプロジェクトや段階、人間関係などの進展を願う、とてもシンプルな儀式です。種子があなたのプロジェクトを表しています。

用意するもの

- 種子
- 土（庭または植木鉢）
- スコップ

方法

屋外で種まきをする場所を選びます。種子が強く育つよう、自然界や、あなたの好きな女神に祈りましょう。種まきをした後は、毎日世話をして下さい。

オスタラのキャンドル

以下の材料でキャンドルを装飾します(P. 29 をご覧下さい)。

- スペアミント
- ヒナギク
- スミレの花びら
- ジャスミンのエッセンシャルオイル

オスタラのバスソルト

バスソルトを小瓶に詰めて、パーティーの最後にお客様におみやげとして配りましょう。あなた 1 人で祝う場合は自分用に作り、楽しんで下さい。以下の材料を乳鉢に入れて混ぜ合わせ、満月の光の下ですりつぶします。

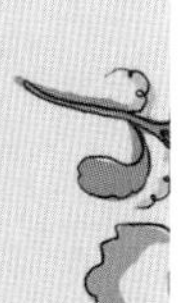

用意するもの

- ローズペタル
- スペアミント
- デイジー
- スミレの花びら
- ジャスミンの精油 2 滴
- 儀式用の粗塩
- フロリダウォーター 1 カップ

沐浴の方法

浴槽にお湯をはり、お湯にすべての材料を入れてつかります。あがったら身体をタオルで拭かず、水滴を手で軽く払って自然に乾かして下さい。この沐浴は新しいプロジェクトや新たなステージと人間関係にポジティブなエネルギーをもたらし、古いエネルギーを洗い流してくれます。

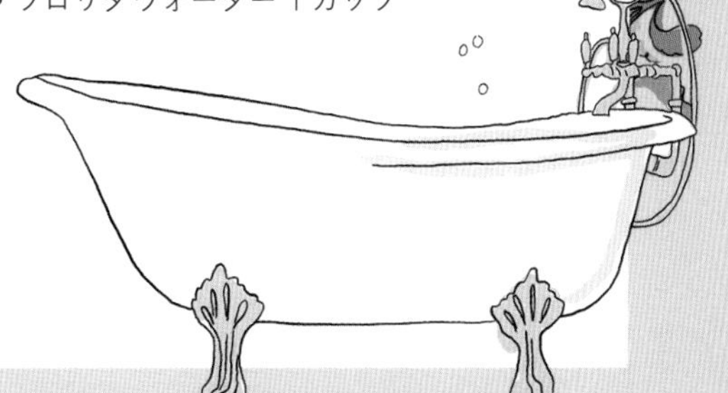

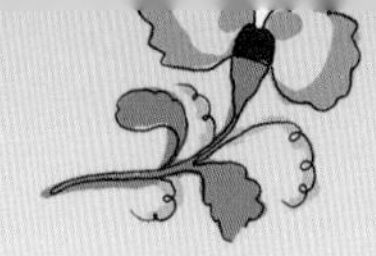

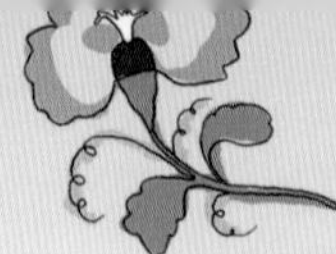
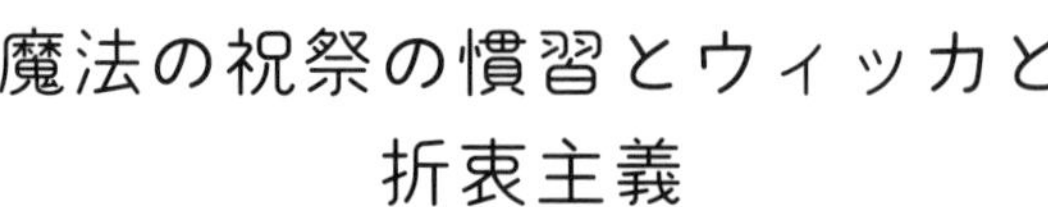

魔法の祝祭の慣習とウィッカと折衷主義

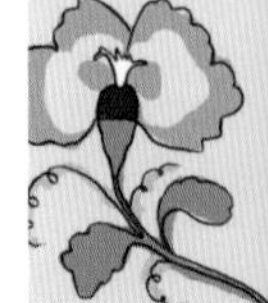

これまでにご紹介してきた祝祭は「ネオペイガン」と呼ばれる復興異教主義者たちや、ウィッカを実践する「ウィッカン」、そして魔女たちに加え、自然とのやさしく深いつながりを求める人々によって祝われているものです。

これらの祝祭は私たちに、立ち止まって自然とつながり、魔法を楽しみ、家族のならわしや行事を尊ぶひとときを与えてくれます。

それぞれの祝祭には、この本でご紹介したもの以外にも、多くの神々や植物、レシピ、儀式、慣習があります。また、文化や国、都市によって祝い方もさまざまで、ニュアンスも異なります。読者の皆さま１人ひとりが独自の儀式やレシピ、慣習を生み出していただけるように、ここでは祝祭のごく基本的な情報のみを取り上げました。自分流のお祝いの仕方をグリモワールに記録していって下さい。

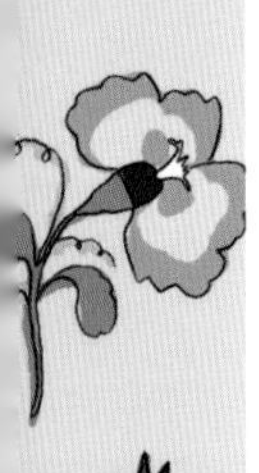

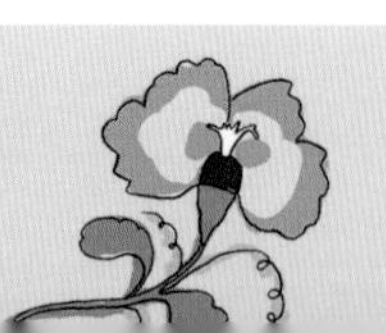

8. 占星術を魔法に使う

魔法の儀式をするときに活かせる、占星術の知識をご紹介します。各星座が持つエネルギー、月とその満ち欠けの他にも、目を向けたいことがたくさんあります。占星術のチャートや天体、星座や神話、相性なども詳しく知りたい人は前作『うつくしい西洋占星術の世界』もどうぞ。豊富なイラストで占星術をご紹介しています。

12星座のエネルギー

牡羊座

イニシアチブ、情熱、始まり、衝動、戦争、アグレッシブ、個人主義、リーダーシップ、率直、起業家精神、直接的、爆発的、短気、正直

牡牛座

安定、忍耐、エレガンス、物質主義、親切、確実性、デリカシー、頑固、楽観的、官能的、実用主義、現実主義、所有欲、利己的、寛大

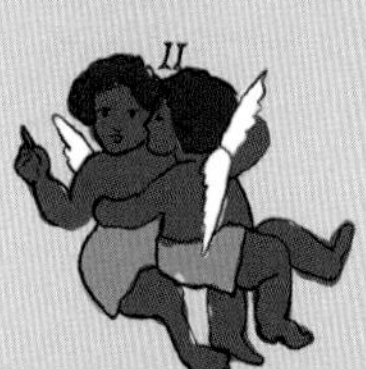

双子座

扇動、コミュニケーション、二元性、不安定、知性、多芸多才、イマジネーション、論理、利口、頭の回転が速い、落ち着きがない

蟹座

親切、繊細、愛情、家庭、本能的、感情を理解する能力、家族、共感、感情が不安定、移り気、調和、慎重、やさしさ、保護、遠慮、わかりづらい

獅子座

愛情、情熱、自己主張、カリスマ性、競争心、勇気、自己中心的、過剰、率直、にぎやか、寛大、興味、ナルシシズム、プライド、快活、楽しむ

乙女座

分析、物静か、親切、批判的、コントロールしたがる、整理整頓、秩序、正直、戦略、質素、完璧主義、論理、合理性、用心深い、警戒

La Energía De Cada Signo Del Zodíaco

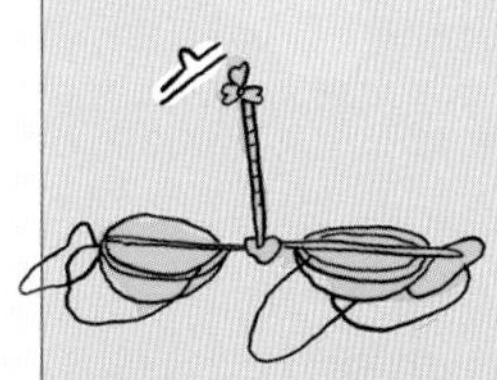

天秤座

バランスとその模索、美、カルチャー、おだやかさ、自己主張、贅沢、エレガンス、誘惑、説得力、調和、優柔不断、ロマンチック、虚栄心

蠍座

情熱、隠れた意図、コントロール、嫉妬、執着、セックス、死、本能、決意、吸引力、謎、控えめ、警戒心、復讐

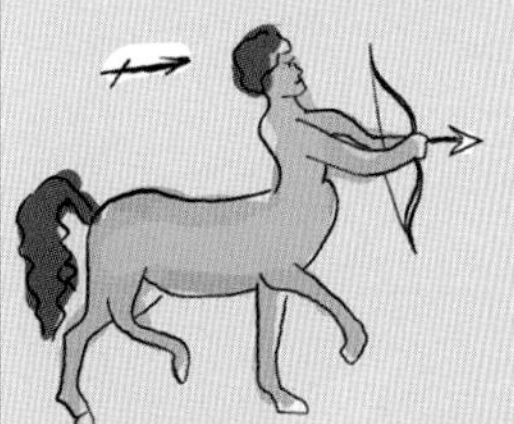

射手座

旅行、外向性、哲学、喜び、冒険、大雑把、ユーモアに富む、世界的な活躍、好奇心、熱意、おおらか、洞察力、短気

山羊座

権威、野心、傲慢、保守的、伝統、実用主義、控えめ、不屈の精神、責任感、打たれ強さ、リーダーシップ、妥協しない、義務をまっとうする

水瓶座

イノベーション、問題児、変わり者、頭の回転が速い、創造力、博愛主義、独立、自由、辛辣、挑発、洞察、社交性、革命、論理

魚座

感情、アート、繊細さ、共感、音楽、スピリチュアル性、創造力、やさしさ、恐れ、理想主義、気遣い、平静、直感、魔法

下記の表を参考にしながら、儀式やおまじないをするのに最適なタイミングを見つけて下さい。この表に絶対に従わなくてはならないわけではなく、また、思い立ったときにいつでもできる儀式もたくさんあります。心に留めておきたいポイントは次のとおりです。

- 全般的な天空の状況（どの天体がどのサインにあるか、逆行中の天体はあるか、日蝕または月蝕と重なっているか）
- 日時との対応（それぞれの天体と関わりがある時刻と曜日）
- 月（月が位置するサインと月相。P.121 から詳しくご説明します）

おまじないに適した曜日と時間

		日曜日	月曜日	火曜日	水曜日	木曜日	金曜日	土曜日
[午前]	1	太陽	月	火星	水星	木星	金星	土星
	2	金星	土星	太陽	月	火星	水星	木星
	3	水星	木星	金星	土星	太陽	月	火星
	4	月	火星	水星	木星	金星	土星	太陽
	5	土星	太陽	月	火星	水星	木星	金星
	6	木星	金星	土星	太陽	月	火星	水星
	7	火星	水星	木星	金星	土星	太陽	月
	8	太陽	月	火星	水星	木星	金星	土星
	9	金星	土星	太陽	月	火星	水星	木星
	10	水星	木星	金星	土星	太陽	月	火星
	11	月	火星	水星	木星	金星	土星	太陽
	12	土星	太陽	月	火星	水星	木星	金星
[午後]	1	木星	金星	土星	太陽	月	火星	水星
	2	火星	水星	木星	金星	土星	太陽	月
	3	太陽	月	火星	水星	木星	金星	土星
	4	金星	土星	太陽	月	火星	水星	木星
	5	水星	木星	金星	土星	太陽	月	火星
	6	月	火星	水星	木星	金星	土星	太陽
	7	土星	太陽	月	火星	水星	木星	金星
	8	木星	金星	土星	太陽	月	火星	水星
	9	火星	水星	木星	金星	土星	太陽	月
	10	太陽	月	火星	水星	木星	金星	土星
	11	金星	土星	太陽	月	火星	水星	木星
	12	水星	木星	金星	土星	太陽	月	火星

占星術の慣習では、その曜日の午前１時台が曜日そのものに対応します（例：日曜日＝太陽／日曜の午前１時＝太陽）。各天体に対応する意図に合わせて儀式の曜日を選び、さらに時間帯も選ぶことができればなお適切です。

太陽 ： 始まり、スタート
月 ： 感情の安定、霊的なエネルギー、直感、神秘
火星 ： 行動、セックス、イニシアチブ、活性化、道を拓く、紛争の解決
水星 ： コミュニケーション、ビジネス
木星 ： 幸運、拡張
金星 ： 愛、魅力、美
土星 ： 仕事、制限、努力、鍛錬

¡La luna!

月

月は天体の中で最も直接的に魔法と関わります。儀式にふさわしい曜日と時間を選んだら、月の満ち欠けの状態、月がどのサイン（星座）にあるか確認を（P.128～P.139をご覧下さい）。他の天体との配置の相性など目を向ける点は他にもありますが、占星術の情報に無理に合わせる必要はなく、厳密にこだわらなくても大丈夫です。

満月の名前

いつの満月をどのような名前で呼ぶかについては諸説あります。
ここでは、私にとってなじみが深い呼び方をご紹介します。

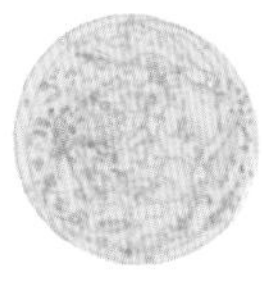

1月
名前：ウルフムーン
色：白、ブルー
テーマ：始まり

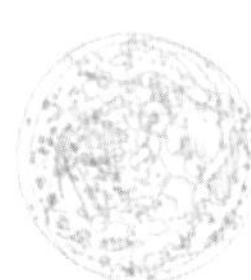

2月
名前：スノームーン
色：白、黒
テーマ：浄化

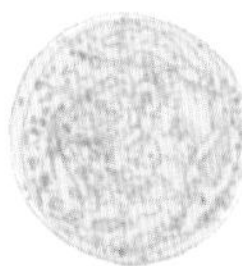

3月
名前：ワームムーン
色：グリーン、白
テーマ：繁栄

4月
名前：ピンクムーン
色：ピンク
テーマ：成長

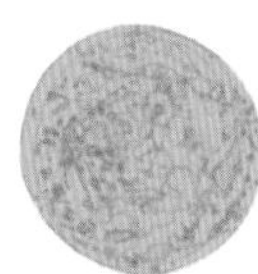

5月
名前：フラワームーン
色：グリーン、ピンク、ブルー
テーマ：愛、生活の充足

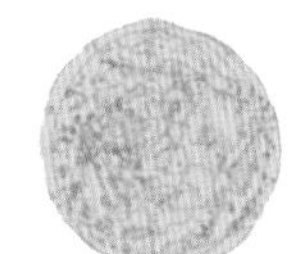

6月
名前：ストロベリームーン
色：赤、ピンク
テーマ：豊かさ、繁栄、愛

7月
名前：バック（雄鹿）ムーン
色：イエロー、オレンジ
テーマ：力、労働

8月
名前：スタージョンムーン
色：白、イエロー
テーマ：進化、成長

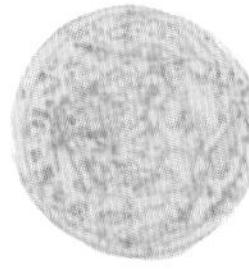

9月
名前：コーンムーン
色：グリーン、イエロー
テーマ：家庭

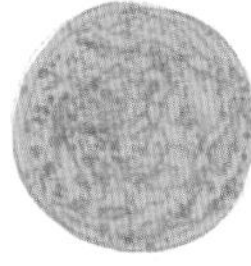

10月
名前：ハンタームーン
色：紫、黒
テーマ：浄化、先祖

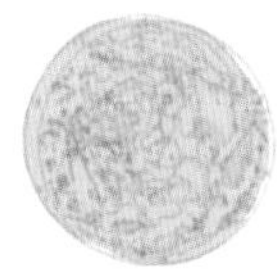

11月
名前：ビーバームーン
色：白
テーマ：癒やし、保護

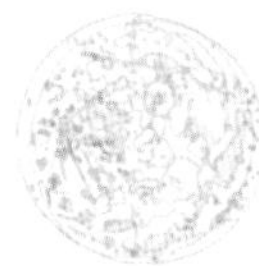

12月
名前：コールドムーン
色：白、黒
テーマ：平和、強さ、再生

月相

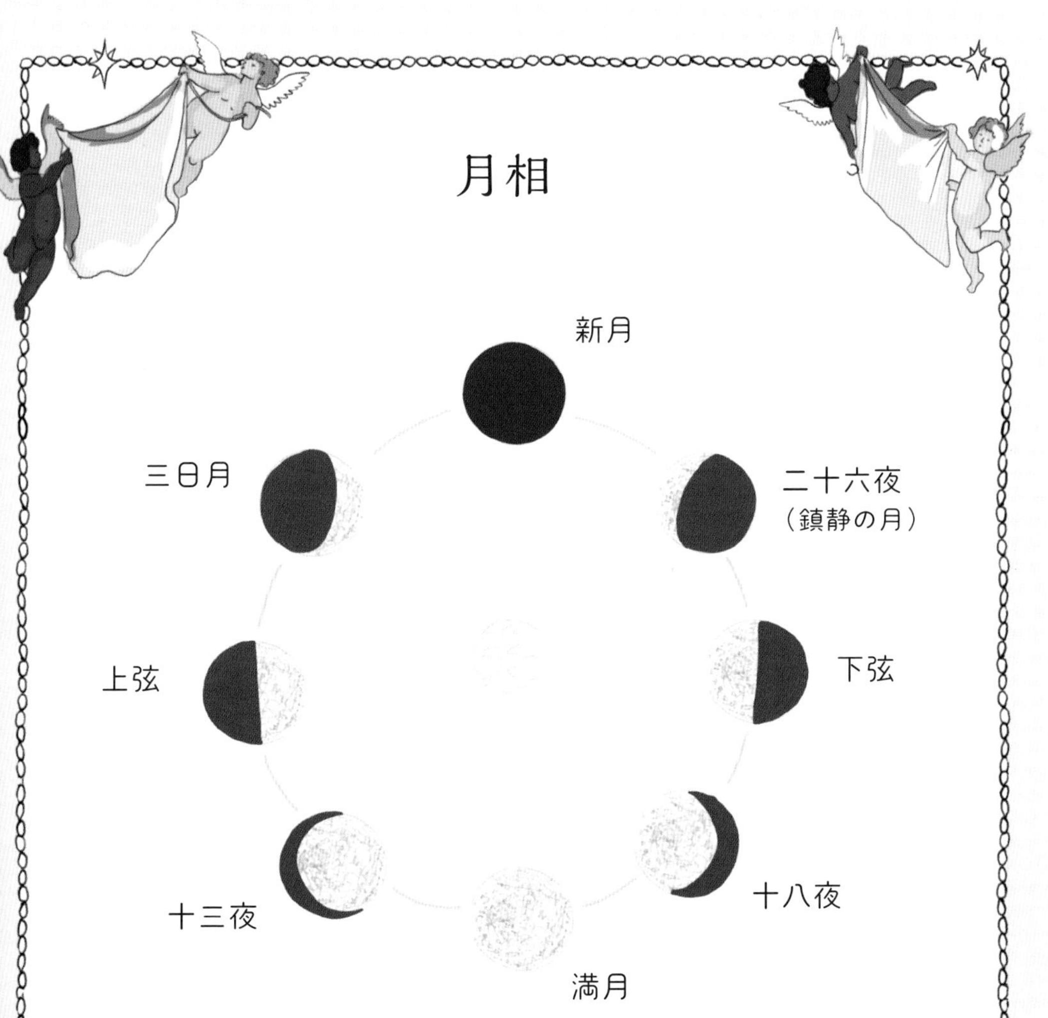

新月：始まり、種まき、刷新、再生

三日月：新しいエネルギー、願望、モチベーション、少しずつ進む、ゴールに向けての計画

上弦：力、豊穣、引き寄せ、仕事、エネルギー

十三夜：忍耐、成長、準備

満月：充足、実現、エネルギー、癒やし、パワー、結果

十八夜：バランスの再調整、調和を求める、エネルギーの洗い流し

下弦：深い浄化、ブロックの排除、害があるシチュエーションや人間関係を断つ

二十六夜：セルフケア、振り返り、瞑想、忍耐、引き渡し

新月

新月は月のサイクルの最初の段階です。月は光をまったく反射しておらず、暗い状態です。自分の感覚に意識を向けてゆったりと過ごし、心身の両面でくつろぐのに適しています。

キーワード

始まり、闇、内面、問いかけ、リニューアル、内省、創造、やりなおし、新しい機会

解説

かつて新月の日には黒魔術を操る魔女たちが儀式をしたと言われているため、儀式をするのは避けるという人もいます。新月の日はゆっくりと休んで内面を見つめることに意識を集中させて、浄化の儀式は欠けていく月のときまで待つとよいでしょう。また、新月のときに髪を切るのはあまりお勧めではありません。

儀式

- 意識を闇に向けます。1人になって自己を振り返り、気づきを書き留めます。
- 達成したいことを念じて種を植えます。すでに達成した自分の姿を思い浮かべましょう（願望実現についてはP.179「10. 魔法のレシピと儀式」で詳しく解説します）。
- 明晰性と直感を高めるローズマリーやセージ、ヤロウなどのハーブティーを飲みます。
- 未来の自分に宛てて手紙を書きましょう。月のサイクルに従い、これからの28日間で実現させたいことや達成したいことのリストを書きます。
- 感情の動きと月のサイクルとの関係で、気づいたことを書き留めます。
- 魔法の空間に意識を向けましょう。新しく設置するなら新月のときがお勧めです。
- 魔法の空間を掃除しましょう（欠けていく月の期間も掃除に向いています）。
- 浄めの入浴をします（本書のいろいろなページでバスソルトのレシピをご紹介していますので、活用して下さい）。
- 手放します。あなたにとって、役に立たなくなったものを思い浮かべ、それを紙に書いて破ります。どれくらい自由になれたかを感じてみて下さい。

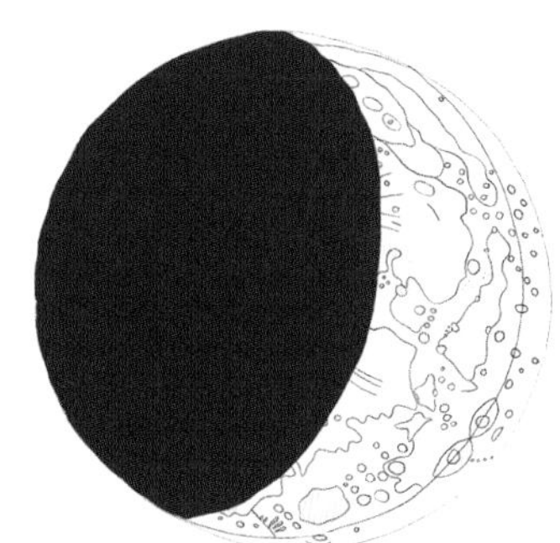

三日月

三日月は月相の2番目の段階です。自分の目的に合わせて行動をするときです。ポジティブな宣言をし、仕事にとりかかり、計画と意図を実行に移しましょう。

キーワード

プロセス、創造、仕事、成長、進展、楽観主義、課題と向き合う、道が拓ける、引き寄せる

解説

髪が速く伸びるようにカットするのによいタイミングです。脱毛や剃毛をすると、より速く伸びてしまうため、あまりよいときではありません。

儀式

- 豊かさの儀式（P.188）。
- 恋愛を引き寄せる儀式（P.187）。
- 道を拓く儀式（P.188）。
- 成功の儀式。
- 新しいプロジェクトやビジネスを始めます（天体の配置や運行をよく見てから着手しましょう）。
- 決断をします。
- 願望の実現や、物事を起こします（P.192）。
- 物事を始めるために意図を設定し、アクションを起こします。
- タロットカードや石や鉱物のエネルギーチャージにも適しています。
- あなたの才能や長所を高めるのによいときです。

満月

満月は、魔法や魔女と最もつながりが深い段階です。月が非常にパワフルになるときです。月の光はいっぱいに満ちています。月のサイクルの中で最も魔法に適しています。

キーワード

典型、全体性、エネルギー、動き、感謝、お祝い、瞑想、セルフケア、美、つながり

解説

髪を切るのに最も適したときです。すこやかで強く、輝きに満ちた髪が育ちます。特に午前6時から正午までがお勧めです。多くの女性が満月のときに月経になります。満月の時期に疲れを感じる人や、頭痛がする人もいますので、調子が悪くなったら休みましょう。一方、エネルギーが高まり元気になる人もいます。その場合は、チャンスを活かして活動して下さい。お祝いや社交など、したいことをしましょう。満月で生理になったときに、誰かとの絆を結ぶ意図でセックスをすると、相手を強くつなぎとめることができると言われています。ただし、それは非常に危険な結果を招くとも言われています。そのようなおまじないの意図がなく、知らなかった場合はそれには該当しません。

儀式

- 石やタロットカード、オラクルカード、アミュレットの他、いろいろな魔法の品物を月光の下でチャージします。
- 美と自己愛の儀式をするのによいときです。
- アフロディテのバスソルトを使って入浴します（P.186）。
- 自分をいたわり、元気づけ、瞑想しましょう。
- 自分を知り、さらに自分を見つめるためにタロットカードを引き、感情の移り変わりを日記に書き留めて下さい。
- あなたが感謝しているものをリストに書いてみましょう。
- 身体を動かすことによってエネルギーの流れをよくします。

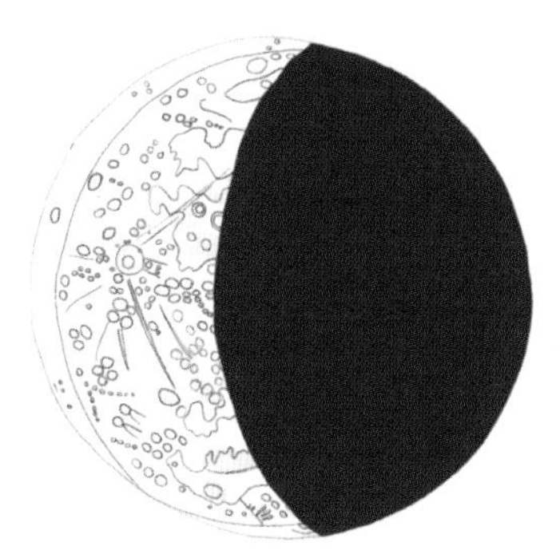

鎮静の月

鎮静の月はサイクルの最後の段階で、月は欠けて細くなり、浄化や放出に関わる儀式に適しています。ネガティブなエネルギーや、自分にかけられた呪いを破壊しやすいときでもあります。

キーワード

浄化、追放、排出、
衰退、追い払う、破壊

解説

髪の伸び方が遅く、弱くなるため、髪を切るのによいときではありません。それと同じ理由で、脱毛や剃毛には向いています。

儀式

- 魔法の空間や人々、自分自身、シチュエーションなどのエネルギーを浄化します。
- 誰かが差し向けた邪悪な願いを差出人に返す保護の儀式（P.190）。
- 誰かと結んだ、好ましくないつながりや思いを断ち切る儀式（P.191）。
- 悪い習慣を断つ儀式。
- あなたの目的にとって、役立たなくなったものを手放します。
- 不要になった品物を処分します。魔法の空間や自分の部屋、家の中を掃除して整理整頓します。
- 自分に合わなくなったと感じる関係（仕事、恋愛、友人）を終わらせます。
- デトックスのための食事を始めます。

牡羊座の月　12星座と月

牡羊座に月があるときはリーダーシップや勇気、度胸、意志の力を願う儀式に向いています。何かを新しく始めたり、自分を信じて力を発揮するときです。

キャンドルの色：ワインレッド
石：ルビー、レッドジャスパー
エレメント：火

牡羊座の新月

新しいプロジェクトを始めるのによいときです。すべてがうまくいくと感じ、それに必要な力と強さがあなたにあることを認めましょう。三日月の時期に向けてすべてのエネルギーを発揮できるように、意識を集中させます。

牡羊座の三日月

勇気と強さとパワーに賭けるときです。戦士のエネルギーを呼び起こせば万事を乗り越えることができ、ゴールに向けて強い決意で前進できます。

牡羊座の満月

力とイニシアチブと勇気を祝う儀式をしましょう。あるいは、満月の力とつながる儀式や瞑想をし、あなたの中のパワーやリーダーシップを感じてみて下さい。

牡羊座の鎮静の月

障壁や妨害を排除するための強いパワーが得られます。あなたの成長を邪魔するものを捨て去り、必要な力と牡羊座らしい原動力を見つけるのにふさわしいときです。

牡牛座の月　12星座と月

牡牛座に月があるときは美や喜び、愛、官能性、繁栄、自尊心、自己愛を高める儀式に向いています。

キャンドルの色：グリーン、ピンク
石：ローズクォーツ、サファイア
エレメント：地

牡牛座の新月

仕事のプロジェクトを発案したり、新しい資産を獲得したり、恋愛を始めたりするのによいときです。複雑な儀式はしないほうがよいでしょう。上記のテーマに沿った、シンプルな儀式をお勧めします。

牡牛座の三日月

美や仕事、女神アフロディテ、美の妙薬、魅力に関する儀式に適しています。豊かさに関する儀式や、ビジネスや恋愛の引き寄せの儀式にも向いています。

牡牛座の満月

パワフルな引き寄せの儀式ができる、素晴らしいときです。喜びを得るための力と勇気を祈願しましょう。あなた自身を祝福し、これまでに達成したことをお祝いし、自分にご褒美をあげるのにもよいときです。

牡牛座の鎮静の月

シンプルな浄化が向いています。儀式をするのは、ばっさりと何かを変えたいときだけにしましょう（これは、あくまでも理論の上でのおはなしです。どんなときも、あなたの直感に従って下さい）。

双子座の月　12星座と月

双子座に月があるときは、コミュニケーションや新しい状況への適応の儀式に適しています。社会的なスキルや社会生活のための儀式にもよいときです。

キャンドルの色：イエロー
石：タイガーアイ、アンバー（琥珀）
エレメント：風

双子座の新月

種まきや、知的な活動（小説執筆など）や学業（論文など）の下準備をするのによいときです。植物の成長やプロジェクトの進展に合わせてエネルギーを注いで下さい。小旅行や引っ越し、移転の計画にも最適な時期です。

双子座の三日月

明晰な思考や真実、効果的なコミュニケーションに的を絞った儀式に向いています。社会的なスキルや人前で話す能力を高める儀式もお勧めです。

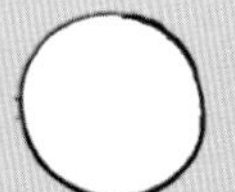

双子座の満月

知的なプロジェクト（小説、論文、論述など）を立ち上げるのに最も適した時期の1つです。広く人々の目にとまり、読者や批評家の関心を得るよう祈願しましょう。夢や直感の中に、隠れたメッセージがないか注意してみて下さい。

双子座の鎮静の月

ネガティブな思考を取り払い、誤解を解くときです。はっきりとした正確なコミュニケーションを妨げるものを一掃しましょう。

蟹座の月　12星座と月

月は蟹座の支配星です。蟹座に月があるときは月の女神を称え、家庭や家族や豊穣を祈る儀式にぴったりです。

キャンドルの色：白
石：ムーンストーン、オパール
エレメント：水

蟹座の新月

豊穣の儀式（子宝祈願）や家の購入、新しい家族の一員やペットを迎えるといった、家庭についての新しい始まりの儀式にふさわしいときです。

蟹座の三日月

家族関係の強化と向上、家庭内の調和、家の中の雰囲気をよくするための儀式に向いています。

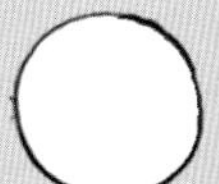

蟹座の満月

家内安全や魔法の空間の保護、家族を守ることについての儀式が最もうまくいくときです。

蟹座の鎮静の月

女性的なエネルギーを使って自分自身をいたわり、心を落ち着けてエネルギーの浄化をするときです。月とつながると同時に、女性的で直感的な部分に意識を向けてみて下さい。

獅子座の月　12星座と月

獅子座に月があるときは自己肯定感や創造力、自信、内なるパワー、成功、勝利を祈る儀式にぴったりです。自信と強さを高めるには最高の時期です。

キャンドルの色：イエロー、ゴールド
石：タイガーアイ、シトリン
エレメント：火

獅子座の新月

クリエイティブなプロジェクトを「始動」させ、成功を祈って何かの儀式をするには最高のときです。自信の度合いを新たな段階に高めるときでもあります。

獅子座の三日月

あなたの魅力やカリスマ性、リーダーシップのスキルを高めるのに理想的な時期です。ビジネスやクリエイティブなプロジェクトに携わっている場合は、成功の軌道に乗り続けることを祈って儀式をして下さい。

獅子座の満月

自己愛と自尊心、自信を高めるためにパワフルな儀式ができる、最高のタイミングです。自分自身への認識を高めることにより、周囲の人々もあなたに魅力を感じるようになります。

獅子座の鎮静の月

あなたに価値を認めない人々と距離をおくのに完璧なときです。直接的に、または儀式によって、あなたを成功から遠ざけるものとのつながりを断ちましょう。

乙女座の月　12星座と月

乙女座に月があるときは仕事やルーティン、奉仕についての儀式に適しています。最善を尽くすことや癒やし、習慣や日課の改善、一貫性や整理整頓を目指すことにも合うときです。

キャンドルの色：ブルー
石：ラピスラズリ、マラカイト
エレメント：地

乙女座の新月

儀式をするならしっかりと集中し、細部までていねいにしましょう。考えがまとまりやすくなるため、新しい計画を立てるのに最適なときです。

乙女座の三日月

人を助け、人への理解を深めるには理想的なときです。セラピストの仕事をしている人にもお勧めです。共感する力を高め、人々に尽くすための儀式をしましょう。

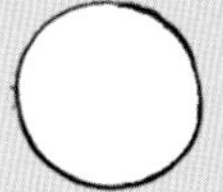

乙女座の満月

きちんとした作法で正確に行うことが必要な、緻密で複雑な儀式をするのに最適です。また、そのような正確さが求められる活動にも向いています。

乙女座の鎮静の月

仕事での躍進を妨げる障害物を取り除きたいなら、このときがベストです。ジェラシーや妬みなどのネガティブな感情やエネルギーを取り払うのにもよいときです。

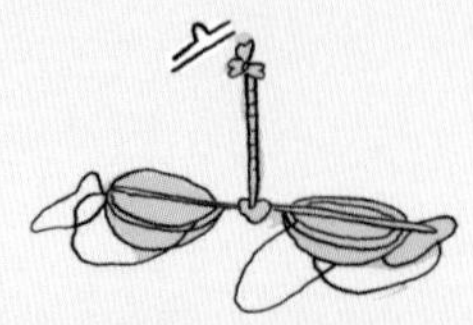

天秤座の月　12星座と月

天秤座に月があるときは美的センスや調和、美しさ、バランス、法律的な問題、交友関係、繊細な感情に触れるような人間関係についての儀式に適しています。

キャンドルの色：ピンク
石：ローズクォーツ、ジェイド（翡翠）
エレメント：風

天秤座の新月

新作の公演を始めたり、展覧会を開いたり、ファッションのコレクションを披露したりするなど、アートやデザインに関するものなら、どんなプロジェクトにとってもよい時期です。

天秤座の三日月

健全でしっかりとした、永続的な人間関係を築くための儀式によいときです。特に恋愛関係にぴったりですが、仕事場での人間関係にも適しています。

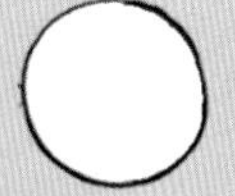

天秤座の満月

美と愛と欲望、そして魅力のためのパワフルな儀式ができます。心の平和とバランスを見出し、調和のとれた関係が築けるよう祈願しましょう。

天秤座の鎮静の月

不公平な扱いを遠ざけ、法律に関するあらゆる問題を解決するのによいときです。複雑な状況が解決に向かうよう、儀式をして下さい。

蠍座の月　12星座と月

蠍座は月が最もパワフルになり、激しさを増す時期の１つですから、愛やセクシュアリティ、オカルト、変化、変容などにまつわる問題を扱うのに適しています。蠍座の月は魔法の世界とも特に関連が深いです。

キャンドルの色：赤、黒
石：オニキス、トルマリン
エレメント：水

蠍座の新月

特に感情の領域で、新しい目標を決めるのにふさわしいときです。苦しみに終止符を打ち、心機一転を目指して下さい。

蠍座の三日月

変わりたいという意志がしっかりしているなら、執着や、ストレスばかりが溜まるようなパターンを断ち切るのに最適の時期です。

蠍座の満月

大きな変化を後押しする、非常にパワフルな満月です。変容のプロセスの完了や、大きな変化を起こすエネルギーのチャージをして下さい。

蠍座の鎮静の月

タロットの「世界」のカードや予言、霊媒、直感に関わる月相です。それらの資質を高める儀式や、直感を使ってそれらを実践するのによいときです。

射手座の月　12星座と月

射手座に月があるときは拡大や旅行、遊び、好奇心、精神的な探求のための儀式に向いています。

キャンドルの色：ブルー、紫
石：トパーズ
エレメント：火

射手座の新月

精神世界に触れるには何がよいかを考えるとよい時期です。タロットやヨガ、占星術などでもよいですし、心が惹かれるものを探してみて下さい。

射手座の三日月

幸運に関する儀式に最適です。スピリチュアルな領域につながり、直感やサイキック能力に働きかける儀式にもよいときです。

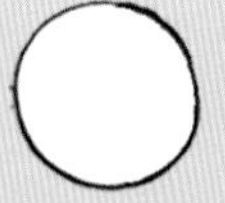

射手座の満月

誘導つきの瞑想やヨガ、幸運を引き寄せる儀式をするのにぴったりです。世界に目を向け、視野を広げることに関する儀式もお勧めです。

射手座の鎮静の月

停滞の打破や、身体面やエネルギー面での浄化、また、精神の進化を妨げるような不安を捨て去るのによいときです。

山羊座の月　12星座と月

山羊座に月があるときは経済や労働、豊かさ、経済的な繁栄、決意、力、自信、野心、はっきりとしていて冷静な精神を培う儀式に適しています。

キャンドルの色：ブラウン
石：オニキス、スモーキークォーツ
エレメント：地

山羊座の新月

職業面でのゴールや目標を設定し、次の新月までをワンサイクルとして、どう行動していくかを計画するのによいときです。プランの期間は短期でも、中期でも、長期でもOKです。

山羊座の三日月

ゴールの達成や、仕事面での向上を祈る儀式をするのに最適なときです。

山羊座の満月

豊かさや経済、自信を高めることについての祈願に最適です。パワフルな儀式ができる満月です。

山羊座の鎮静の月

個人的に感じる不安や経済面でのブロックをなくすために、エネルギーを洗い流すのによいときです。

水瓶座の月　12星座と月

水瓶座に月があるときはコミュニティや社会に対するインパクトと影響、創造力、改革、革命、風穴をあけること、自由にまつわる儀式に適しています。

キャンドルの色：ブルー
石：ターコイズ、フローライト
エレメント：風

水瓶座の新月

この新月のときは、さらなる自由と軽やかさを自分に宣言しましょう。こだわりを捨てて、潜在能力がフルに発揮できるよう祈願するとよいでしょう。

水瓶座の三日月

社会的な活動や恋愛、経済の分野で大きな変化を引き寄せるのに適しています。社会での活動の場を広げ、友情の輪を大きくしたいなら、特によいタイミングです。

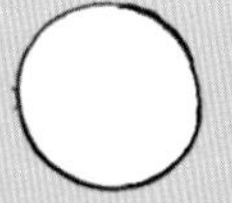

水瓶座の満月

自由と敏捷性、明晰性を高めるのによいときです。もっと自由に、合理的に、独自のアイデアや行動を進めたいなら、この満月のエネルギーを取り入れて下さい。

水瓶座の鎮静の月

閉塞感のある状況やブロックから自分を解放するのに最適です。自由を制限されたり、未来の可能性を狭めたりするような関係からの解放も同様です。

魚座の月　12星座と月

魚座に月があるときはインスピレーションやサイキック能力、直感、創造力、共感、感情のコントロール、夢、理想についての儀式に適しています。

キャンドルの色：ブルー、グリーン
石：エンジェライト、アクアマリン
エレメント：水

魚座の新月

夢を思い浮かべるのに最適な新月です。その夢が未来にどのように実現するか、豊かさのバイブレーションと共に想像しましょう（参考としてP.188「豊かさの儀式」をご覧下さい）。

魚座の三日月

直感とスピリチュアルな側面に目を向け、成長と能力の発達を目指すのによいときです。

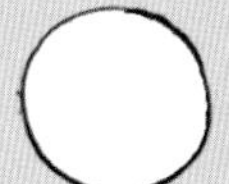

魚座の満月

魔法の力や感情、直感を高める、最もパワフルな月相の１つです。宇宙との一体感やスピリチュアルな能力、霊感を意識する時期として最適です。

魚座の鎮静の月

ひと休みして、「心の境界線」をしっかりと引きましょう。他の人のバイブレーションや感情にネガティブな影響を受けるのを防ぐことができます。

ムーンウォーター

ムーンウォーターとは月の光をチャージしてエレメントを吸収させた水であり、いろいろな魔法の用途に使えます。月相と、月が位置する星座によって、異なる特徴を持つムーンウォーターができます。

ムーンウォーターの作り方は?

透明のガラス瓶を水で満たして月明かりがさす場所に置いておき、夜明け前に回収して下さい。フタをせず、瓶の口を布かガーゼで覆っておきましょう。

ムーンウォーターの用途

- 洗浄
- お茶やコーヒー
- 儀式やおまじない
- 植物の水やり

月相別のムーンウォーターの特徴

新月のムーンウォーター：月は暗くて光がないため、ムーンウォーターを作るときではありません。

三日月のムーンウォーター：成長やパワーの強化、引き寄せを促します。そのようなテーマに関わる儀式に使って下さい。

満月のムーンウォーター：最も ポピュラーでパワフルです。満月が位置する星座に従って、いろいろな性質を持つ魔法のエネルギーがチャージされます。

鎮静の月のムーンウォーター：洗い流しと浄化に最適です。

よくある質問

Q 一晩中、月光の下に置かなくてはなりませんか？

A いいえ。3～4時間でじゅうぶんです。

Q 日光が当たっても大丈夫ですか？

A できるだけ直射日光が当たらない場所に保管して下さい。

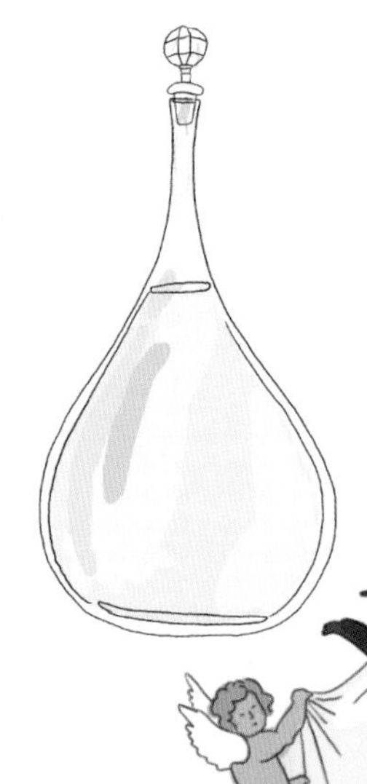

月のサイクルと
月経周期

月のサイクルと、女性の平均的な月経周期は同じです(29 日間)。月を指すラテン語の「メンシス」とギリシャ語の「メネ」が語源となり、英語の「メンストレーション(月経)」という語が生まれました。

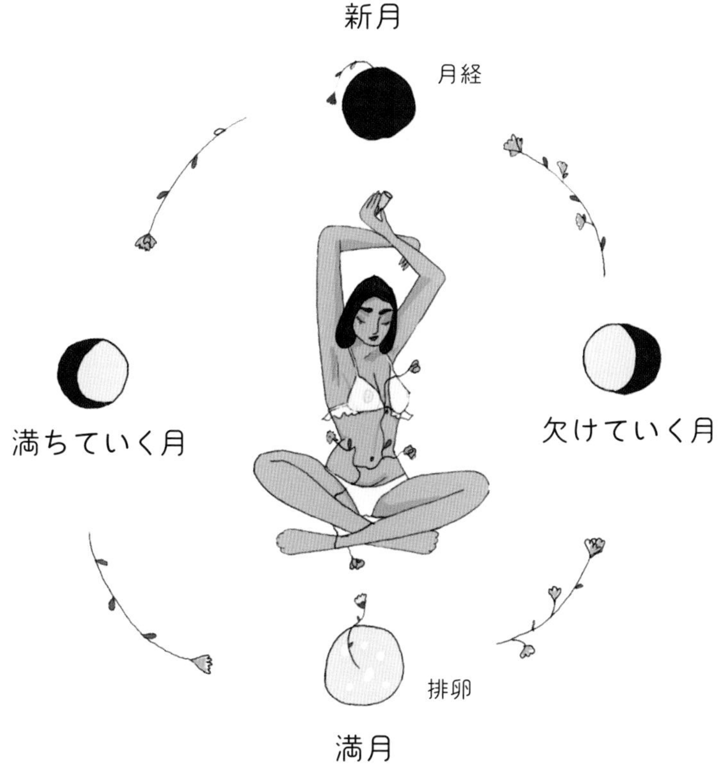

賢い老女(月経、新月): 瞑想、静けさ、休息、スローダウン

乙女(排卵前、満ちていく月): 組織、生産力、高いエネルギーレベル

母(排卵、満月): 性的な欲求が高まる、魅力、愛

魔女(月経前、欠けていく月): 孤独、霊的なつながり、タイミングの調整

その他の占星術の知識

月蝕 Eclipse de Luna

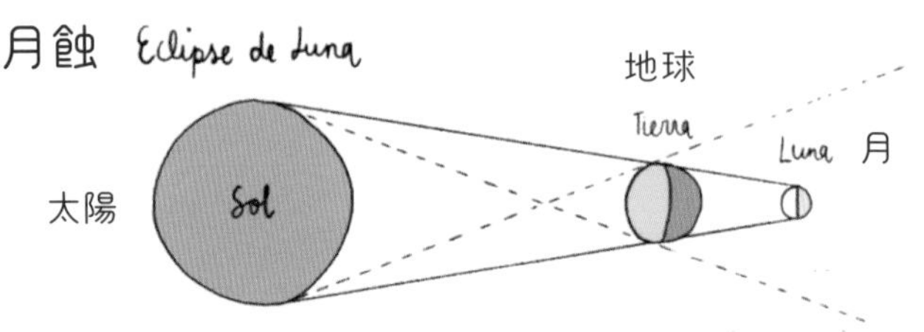

月蝕は満月のときのみ起こります。

日蝕 Eclipse de Sol

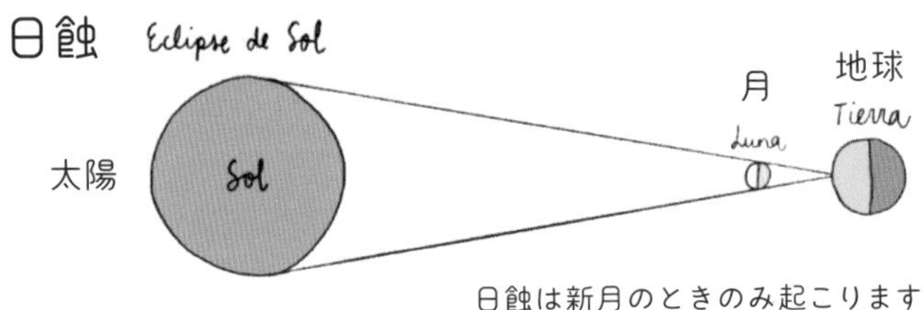

日蝕は新月のときのみ起こります。

蝕（しょく）

蝕が起きているときはエネルギーが干渉されて高まっているため、儀式をしないでおくほうが賢明です。魔法を自分で巧みにコントロールできるか、特定の儀式にふさわしいタイミングだと直感で強く感じる場合以外は、流れにまかせて過ごすことをお勧めします。

逆行

水星や金星、火星が逆行しているときはおまじないをしないほうがよい、という意見があります（さらに、他の天体の逆行も考慮する人々もいます）。一方、意図が明確でしっかりしていれば、天体が逆行していても問題はないとする人々もいます。あなた自身が共感できる考え方を採用して下さい。

天空の状況

新しいプロジェクトを立ち上げる前に、天体の位置を確認しましょう。太陽が火のサインにあり、木星や金星や土星とよい角度をとっているときが、よいタイミングです。

9.
ディヴィネーション（占い）

未来を見通すディヴィネーション（占い、予言）のさまざまな方法は、あらゆる文化に存在します。これから起きる出来事を予見したり、誰かの気持ちや願いや考えを理解したり、過去と現在と未来の状況を把握したりするために使われます。また、例えばタロットカードのような道具は自己の内面を見つめ、探求するときにも役立ちます。他の占術は、目の前の現実とは別の領域のリアリティからのメッセージを受け取るのに役立ちます。多くの人に広く使われている占術の例を、下に挙げます。どれを使うかは、あなたの直感に従って下さい。ここでは、おおまかな手引きをご紹介しますので、ぜひ参考にしてみて下さい。

- タロット
- 水晶玉
- ペンデュラム
- ルーン
- 手相
- タッセオマンシー（お茶の葉占い）
- セロマンシー（キャンドル占い）
- ウィジャ

タロット

タロットとは何ですか？

78 枚のカード（大アルカナ 22 枚と小アルカナ 56 枚）からなるデッキ（一揃いのカード）で、昔から占いに使用されています。

大アルカナと小アルカナ

22 枚ある大アルカナは普遍的な元型であるアーキタイプを表し、人生における万人に共通の側面について、深いメッセージを伝えます。大アルカナのカードには 1 枚ずつに名前があり、「愚者（アルカナ 0）」で始まり「世界（アルカナ 21）」で終わります。この後、詳しくご説明していきます。カードを広げて並べる「スプレッド（展開）」をしたときに、大アルカナを見て重要なメッセージを、小アルカナを見て枝葉となる文脈を読み取ります。大アルカナのみを使って占う人もいます。初心者なら、大アルカナで占うほうがシンプルでわかりやすく、お勧めです。

小アルカナはトランプと同じように、4 つの「スート（種類）」（剣、杖、カップ、金貨）に分かれています。それぞれのスートにテーマがあります。私がデザインした「タロット・デ・カルロタイド」は解釈がしやすいように、スート別に色調を分けています。伝統的なタロットの 1 つである「マルセイユ版タロット」では、小アルカナがトランプの数札に似た図柄になっています。大アルカナには精妙な絵が描かれている一方、小アルカナは単純な図です（例えば「杖の 3」なら杖が 3 本描かれているだけです）。もっとカードの意味を説明するような絵があるのは「ライダー・ウェイト=スミス版タロット」です。画家パメラ・コールマン・スミスによって描かれ、1910 年に出版されました。以後、サルバドール・ダリやレオノーラ・キャリントンをはじめとする偉大な芸術家たちが、自らのバージョンのタロットカードを描きました。現代のイラストレーターやアーティストたちも、独自のタロットデッキを制作しています。この本では、伝統的な 78 枚のアルカナをわかりやすくした「タロット・デ・カルロタイド」を使って、大アルカナを 1 枚ずつ解説します。

タロットをスプレッドして並べ、意味を読み取るときには、自分から見てカードの上下がさかさまになっているかどうかを考慮に入れてもよいですし、上下を気にせず、カードの意味だけに注目してもかまいません。どちらでも、あなたの心に響くほうを選んで下さい。上下がさかさまの逆位置で出たカードも、正位置と同じ意味として読み取れますが、そのカードのメッセージとエネルギーはブロックされているか、実現しづらい状態だといえます。

タロットの使い方を学ぶには、まず何が必要ですか？

正位置

逆位置

あなたが好きになれるデッキ

どんなものでもかまいませんが、あなたが心を惹かれ、心に訴えるものがあるデッキを選びましょう。伝統的なライダー・ウェイト=スミス版でも、この本でご紹介する私のバージョンでも、他のアーティストによるものでもかまいません。複数のデッキをコレクションしてもよいでしょう。

タロットの日記帳

日々気づいたことを書き留めるノートを用意しましょう。

忍耐力

少しずつ進めて下さい。まず１枚のカードのエネルギーをよく感じ取り、それができたら次のカードを感じ取る、といったペースでかまいません。慣れてきたら、最初はシンプルなスプレッドから始めましょう。

直感を磨いてデッキとつながる

自分の直感を頼りに、カードから伝わってくる感覚を信じましょう。デッキを魔法の空間または特別な場所に保管しておき、触れたり見たりして下さい。眠るときに近くに置いてもよいでしょう。

デッキを浄化してチャージする

他の道具と同じように、デッキを手に入れたらまずエネルギーを浄化します（デッキは贈り物である必要はありません。自分で購入しても大丈夫です）。次にチャージして活性化し、あなたのエネルギーを吸収させます（P.61「5. 魔法に使う鉱物」を参考にして下さい）。カードを使った後は、汚れや埃などを払い、きれいにしておきましょう。

紫のタロットクロス（布）

他の色でもかまいませんが、紫は魔法と直感に関わる色です。クロスの上でカードを展開すれば、その空間をきわだたせることができます。

白か紫のキャンドル

タロットを展開するときをきわだたせ、宇宙や直感とのつながりが強化されやすくなります。

0. 愚者

「愚者」のカードは火のエレメントに加えて、火・風・地・水の４要素の概念そのものとも関わります。愚者を０ではなく22とする考え方もありますが、私は０とするほうが好みです。というのも、愚者は潜在的な可能性や人生の旅を象徴するからです。愚者はアルカナのスタートを飾る大胆なカードです。おおらかで無邪気な、若々しい力を表します。その長所の裏返しとして、否定的な意味が表れる場合は無謀さや軽率さ、むやみにリスクを冒すことを指します。
このカードを解釈するときは、スプレッドで周囲に出たカードも見て、どのような相関関係があるかも考えてみて下さい。

正位置の意味

スプレッドでの「愚者」の正位置は始まりを意味します。理屈で考えるのを抑えて無邪気になり、思いきったアプローチをしてみたり、冒険してみたりするのによいときです。
何かを始めたくてうずうずし、いろいろなものに興味を抱く、10代の若者のような生命力が私たちの中で動いているのかもしれません。あなたの中のワイルドで反抗的な面を思い出しなさい、とカードが告げている可能性もあります。また、全般的に、わくわくするような新しい段階の到来を告げるカードでもあります。
恋愛面では楽しいお付き合いができそうですが、真剣な交際に発展する段階ではないでしょう。仕事面ではあなたのアイデアが、多くの人にとって少し突飛で革新的すぎるように見えるかもしれません。金銭面では思いがけない収入源が見つかるなど、よいカードです。精神面では新しい学びの道を示します。

逆位置の意味

「愚者」の逆位置はあなたに不利になるような、愚かな態度をしていないかと問いかけています。だまされたり、誰かにつけ込まれたりしているのかもしれません。また、目の前のことしか見えておらず、もっと長期的な視野に立って計画をすべきであると告げています。今のあなたのライフスタイルはどこか乱れており、自分のためになっていないか、現在不安定な状況に直面しているか、自由や独立に関する問題を抱えている可能性があります。

1. 魔術師

1番「魔術師」のカードは風のエレメントと、乙女座と双子座の支配星である水星と特に関わりが深いです。魔術師は私たちの論理的で知的な能力を指しています。頭脳と道具と結果をつなげ、プロジェクトやアイデアを実現へと進めていくような、メンタル面の才能です。
このカードを解釈するときは、スプレッドで周囲に出たカードも見て、どのような相関関係があるかも考えてみて下さい。

正位置の意味

スプレッドでの「魔術師」の正位置は、意志の力と夢を実現させる力にまつわる積極的なエネルギーを表します。頭を使い、持てるものを自由自在に使いこなすことについてのメッセージが表れるでしょう。感情よりも理性の働きを示すカードですから、仕事や物質的な財産などとの関連性が高いのです。
恋愛を占うスプレッドで魔術師が出れば、実利的な側面で恩恵がある関係か、相手は目的がはっきりしていて、合理的な思考を持っているのかもしれません。お付き合いをする相手を探している場合は、よいタイミングだといえそうです。あなたはチャンスを活かすことができるでしょう。

逆位置の意味

「魔術師」の逆位置は、あなたが相手に操られていることを暗示します。疑いの気持ちを持っているか、自分の価値または占いの対象となる人の価値について不安を感じているのかもしれません。また、気が散っていたり、考えがうまくまとまっていなかったりしているために目的がぼやけ、チャンスが訪れても棒に振っています。思考の整理整頓をすれば、必要なものは意外にちゃんと揃っていることに気づくだろう、とカードは伝えてくれています。

2. 女教皇

2番の「女教皇」は水のエレメントと関わります。このカードは伝統的な意味合いでの女性性と関連が深い直感や叡智、霊性、繊細な感性を表します。また、潜在意識や心の声、危機にあるときに道を示してくれる霊的な導きも表しています。スピリチュアルで繊細な側面に焦点を当てる、女性的なエネルギーを持つカードの中の1枚です。
このカードを解釈するときは、スプレッドで周囲に出たカードも見て、どのような相関関係があるかも考えてみて下さい。

正位置の意味

スプレッドでの「女教皇」の正位置は繊細さや霊性、叡智を表します。女性性や母親や母性にも関係があります。誰かについて占う場合、このカードはその人に何か神秘的なものがあると示唆しています。賢いけれども、その賢さをおおっぴらには見せず、自らの知識を価値ある宝物として内に秘めているのかもしれません。
恋愛面では非常に不思議な、魂のつながりさえも感じるような関係を表します。でも、お相手（特に女性）は手が届かないところにいるか、あなたのことを知らないでいます。もしもあなたが女性なら、神秘的で謎めいた魅力があるでしょう。
仕事面ではよいカードです。よいポジションに就きますが、観察に徹し、知っていることを何もかも明かさないでおくようにして下さい。

逆位置の意味

「女教皇」の逆位置は、カードの意味のネガティブな側面を表します。真の意図を隠し持っている誰かが、あなたの知らないところでよくないことをしているかもしれません。また、心の声に耳を傾け、あなた自身の真実を見つけるように、とカードは伝えています。

3. 女帝

3番の「女帝」は風のエレメントで、牡牛座と天秤座の支配星である金星と関わります（ただし、天秤座に対応するカードは通常「正義」とされています）。女帝のカードは信念を表しますが、それはフェミニスト的な視点から見た信念です。自信にあふれ、優先順位をはっきりとつけて、義務をしっかりと果たす女性像です。また、どこかミステリアスで微妙なおもむきや、女性的でセクシャルなエネルギーとも関連しています。

このカードを解釈するときは、スプレッドで周囲に出たカードも見て、どのような相関関係があるかも考えてみて下さい。

正位置の意味

「女帝」の正位置は、自信があるために認められ、人々にとって魅力的に映る女性を指しています（あなたが質問者で女性であれば、あなた自身がそれにあたります）。また、経験から得た知識を共有し、人々の役に立とうとすることを意味します。

恋愛面では安定しており、満ち足りた状態です。自分の価値を認め、落ち着いているために、自分の魅力を自分で感じることができ、周囲の人々を惹きつけるでしょう。

仕事面でも安定しており、あなたがいかに賢く、誠実で、決断力があるかがこのカードに表れています。

逆位置の意味

「女帝」の逆位置は自分を卑下して他人を優先させるような、ゆがんだ自己評価をしていないかと問いかけています。不安のために、自分の女性的な側面とのつながりを疎かにしているかもしれません。自分自身を見つめ、自分の価値を認めるように、とカードは伝えています。

4. 皇帝

4番「皇帝」は火のエレメントであり、牡羊座と関わります。男性的なエネルギー（伝統的な観点でいえば独善的、父親像、慣例に従った構造）を表すカードです。物質主義や世俗的な所有、個人としての職業上の功績も表します。
このカードを解釈するときは、スプレッドで周囲に出たカードも見て、どのような相関関係があるかも考えてみて下さい。

正位置の意味

スプレッドでの「皇帝」の正位置は、権威者との問題を示しているかもしれません（権威者は男性とは限りません。女性の場合もあります）。その人は支配的なエネルギーを持っているか、権力がある立場にいます。物質的に何かを所有していたり、プロジェクトや企業や社会の中で重要なポジションにいたりする人です。あなたへのカードの助言は、決断すべきときは自信を持って決断することと、心の安定や自尊心を大切にすることです。
恋愛面では、感情のつながりよりも、肉体や物質面での結びつきが強い関係を示しています。仕事面では権力や安定を表すよいカードです。

逆位置の意味

「皇帝」の逆位置は、上記の性質のすべてにおいて、ネガティブな側面が強調されます。つまり、傲慢さや過剰な支配、あるいは独裁的で共感力に乏しい傾向です。あなたは衝動にまかせて行動している可能性があり、もっと冷静になる必要があるとカードは伝えています。理性を働かせ、頭で考えていることと心で感じることとのバランスをとるべきときです。

5. 教皇

5番「教皇」は地のエレメントと牡牛座に関わります。デッキによって「Hierophant（教皇）」または「Pope（法王）」と書かれていますが、どちらも女教皇の男性版だといえます。教皇は私たちの価値観やモラル、倫理を表します。
このカードを解釈するときは、スプレッドで周囲に出たカードも見て、どのような相関関係があるかも考えてみて下さい。

正位置の意味

スプレッドでの「教皇」の正位置は善悪の判断が求められるような状況や、モラルや倫理の問題を考えるべきときを示しています。このカードは私たちに、自分自身の中に答えを求めるよう促しています。昔ながらの価値観やしきたりを見つめ、それらを超越することによって普遍的な真実を見出しなさいと告げているのです。誰かについて占っている場合、その人は高いモラルを持った、非常にスピリチュアルな人であることを示しています。
恋愛面では共感や伝統的な関係を表します。
仕事面ではプロとして経験を積んだ人たちへの信頼や、教師への尊敬を示しています。

逆位置の意味

「教皇」の逆位置は、善悪の判断基準に疑いを持っているか、自分自身や相手の精神やモラルが損なわれるような状況に陥っていることを告げています。また、権力を確立させるのが難しい状況や、ルールに反すること、反抗や抵抗なども表します。

6. 恋人

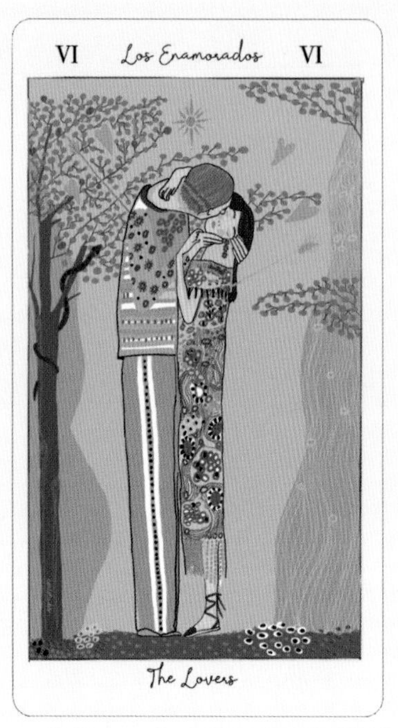

6番の「恋人」は風のエレメントと双子座に関わります。それに加えて、地のエレメントも表すという見方もあります。恋人のカードは恋愛を表しますが、それ以外の人間関係も含みます。友人関係や、人と人とのやりとりはみな、このカードに関連します。
このカードを解釈するときは、スプレッドで周囲に出たカードも見て、どのような相関関係があるかも考えてみて下さい。

正位置の意味

「恋人」の正位置は人と人との関係について告げています。この場合はポジティブな意味合いです。心が通い合うつながりであるため、コミュニケーションがうまくいき、互いの気持ちや愛情が通じ合います。恋愛や結婚、または恋愛の進展といった、カードの絵のとおりの意味も示します。もちろん、恋愛面では最高のカードの中の１枚です。２人の間には強い絆がありますが、たいていは交際の初期の段階にあるでしょう。
仕事面では人間関係に目を向け、１人で抱え込まずにコミュニケーションをとり、チームを作ることの大切さを教えてくれています。

逆位置の意味

「恋人」の逆位置は、あなたと相手との感情のつながりがアンバランスであることや、どのように接してよいのかわからずに落胆すること、あるいはパートナーに関する問題を示しています。コミュニケーションの問題も暗示されており、興味の対象や気持ちのすれ違い、複数の問題などが存在しているかもしれません。コミュニケーションをとり、相互の関係のバランスを回復させることが課題だとカードは伝えています。

7. 戦車

7番「戦車」は火のエレメントと関わりがあります。対応する星座は蟹座ですが、関わる天体は太陽または火星です。戦車の意味の捉え方は全体の文脈次第ですが、通常、ポジティブなカードです。質問に対して「イエス」と答えるカードであり、進展や力を与えて私たちを励ましてくれます。栄光を手に入れることができるでしょう。
このカードを解釈するときは、スプレッドで周囲に出たカードも見て、どのような相関関係があるかも考えてみて下さい。

正位置の意味

スプレッドでの「戦車」の正位置は、物事がスピーディに進むときであると告げています。望む方向へと前進し、勝利に近づいているときです。戦車そのものに注目すると、このカードは旅行や移転、そして文字通り「車」に関することも表します。居場所を変えること（実際に引っ越しをするわけではなくても、比喩的な意味で）も示唆しますが、それはあなたにとってポジティブなことだと感じられるでしょう。
恋愛面では速すぎる展開、もしくはあなた（または相手）にとって進展が速すぎる状況かもしれません。思いを打ち明け、自分の計画を率直に話すとよいときでもあります。
仕事面ではエネルギーの高まりや、長期的な視野を示します。

逆位置の意味

「戦車」の逆位置は、今の状況がコントロールできていないことや、心配事があって心が落ち着かないことを示します。問題をめぐる原因を探そうとしたり、誰が悪いかを考えたりせずに流れに身をまかせることと、すべてを思いどおりに動かそうとするのをやめることをカードは勧めています。

8. 力

8番「力」は火のエレメントと獅子座に関わります。力のカードは私たちの内にある強さと、それに関する長所を表します。しっかりと心を定め、落ち着いておだやかに、自分の肉体や感情をじょうずにコントロールする力です。伝統的な表現として、口を開けているライオンと女性の絵がカードに描かれています。

このカードを解釈するときは、スプレッドで周囲に出たカードも見て、どのような相関関係があるかも考えてみて下さい。

正位置の意味

スプレッドでの「力」の正位置は強い意志や勇気、忍耐、心身のバランスがとれている状況か、そのような長所を持つ人を指しており、たいていは幸運を表しています。その人は仕事と自制心によって、物事をうまく進めています。肉体的な欲求や感情的な衝動にまかせて動くのではなく、精神が肉体と衝動をうまくコントロールできているのです。恋愛面でも仕事面でも着実で安定した状況にあるか、そのような状況へと進んでいけるでしょう。

逆位置の意味

「力」の逆位置は自己をコントロールできていないことを表しています。つい怠けてしまったり、短気になってしまったりしているのかもしれません。全般的に、感情と思考を野放しにしていることと関係があります。自分自身を振り返り、地に足をつけ、ゆっくりと足場を固めながら秩序を作っていくようカードは勧めています。

9. 隠者

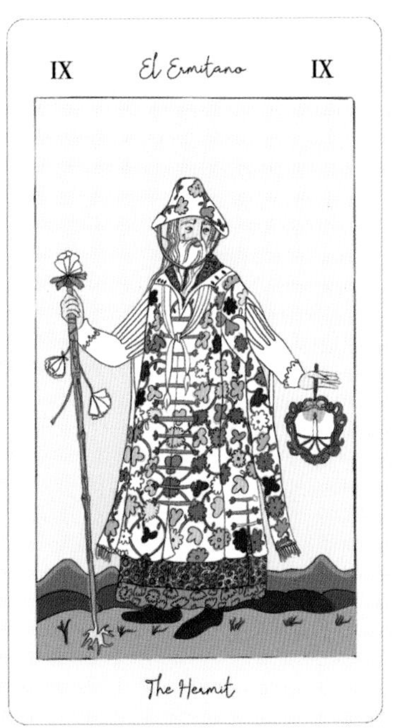

9番「隠者」は地のエレメントと乙女座に関わります。隠者のカードは叡智や経験を指すと同時に、自分を知るために沈黙し、1人で過ごす必要があることを示します。スピリチュアルな探求が基本的なテーマとなるカードです。
このカードを解釈するときは、スプレッドで周囲に出たカードも見て、どのような相関関係があるかも考えてみて下さい。

正位置の意味

「隠者」の正位置は自分自身を旅の友とし、自分の内面を見つめて人生の深い意味を模索するスピリチュアルな探求を示します。世俗的な喜びや、すぐに手に入るものを求めるよりも、魂の側面や自己の内面、そして自分自身を知ることで心を満たすことを教えてくれています。孤独に過ごす時期を暗示している場合もあります。当たり前だと思っていたことを見直し、それを超越する意味を探すときです。
恋愛面では重要な関係を示すか、さらに静かで成熟した愛を求めていることを表します。
仕事面では厳密さと研究に目を向けなさいとカードは伝えています。

逆位置の意味

「隠者」の逆位置は孤立や孤独、絶望感を表します。周囲から離れてしばらく休みをとる必要があるかもしれません。あるいは、孤立がさらに孤立を生むような悪循環から抜け出すべきだとカードは伝えています。

10. 運命の輪

10番の「運命の輪」は木星に関わります。伝統的に、木星は発展と幸運を司る天体とされています。運命の輪のカードは、単に思いがけない幸運の訪れだけでなく、人生に変化はつきものであり、突然、予想外の展開も起こり得ることを示しています。あるときは頂点に達しても、しばらくすれば突然、底に落ちる場合もあると教えています。
このカードを解釈するときは、スプレッドで周囲に出たカードも見て、どのような相関関係があるかも考えてみて下さい。

正位置の意味

「運命の輪」の正位置は事態の変化や、未知の何かが運命によって用意されていることを示します。また、見栄やプライドに注意せよ、という警告でもあります。なぜなら、順風満帆な状態が突然不調に転じたり、また、その逆もあるからです。その他の解釈としては、「棚からぼたもち」への期待を指す場合もあります。一喜一憂せずに、回り続ける輪のような人生とその変化にゆだねるのが最もよいといえるでしょう。
はっきりした答えを求めて占う場合（特に「イエス」か「ノー」かを占う場合）、このカードは明確な答えを出しません。仕事面でも恋愛面でも、とにかく楽しむべきだとカードは促しています。物事がうまくいかないときに対しても、運命の輪は「どんなに悪い状況もいつか終わる」と示してくれているのです。よいことも悪いことも永遠には続かない、ということを思い出させてくれるカードです。

逆位置の意味

「運命の輪」の逆位置は「運が悪い」時期を指しています。人生において、望みが叶わないときもあるけれども、それは仕方のないこととして前に進み、どんな意外な道が拓けるかを見てごらんなさい、とカードは教えてくれています。

11. 正義

11番「正義」は風のエレメントと天秤座に関わります。文字通り天秤がシンボルであり、支配星は金星です。正義のカードは法律的な事柄に加えてバランスや均衡、公平性、正直さを表します。
このカードを解釈するときは、スプレッドで周囲に出たカードも見て、どのような相関関係があるかも考えてみて下さい。

正位置の意味

スプレッドでの「正義」の正位置は、現在関わっているプロセスがすぐには解決しないことを暗示しています。なぜ時間がかかるのかというと、このカードがとても静的だからです。ルールに従い、正しい行いと分別のある考え方をし、ときが来れば解決すると信じなさいと伝えています。正しい道を歩んでいれば、ポジティブな結果が生まれるのです。決断をするための質問でこのカードが出たら、下心や嘘をなくし、真実と公正さに従って決断することが答えとなります。
恋愛面ではポジティブなカードです。正直さに基づく信頼関係ができていれば、物事はスムーズに流れます。
仕事面では公平でフェアな、バランスがとれた行動を勧めています。誰かについて占う場合、その人はフェアであり、隠し事のない人だと示唆しています。

逆位置の意味

「正義」の逆位置はアンバランスな状況または不公平な状況にいることを告げています。自分の行いや、他の人の行いの報いを受けるかもしれません。しかし、質問者にとって、その出来事が本当に不公平であるのか、自らの行いによって導かれた「カルマ」なのかがわかるときが訪れます。その体験から何かが学べるでしょう。

12. 吊るされた人

12番「吊るされた人」は風のエレメントと関わります。吊るされた人と呼ばれるカードですが、正確には「吊るされて宙に浮いたような状況」を指しています。縄で吊る刑罰とはまったく関係ありません。
このカードを解釈するときは、スプレッドで周囲に出たカードも見て、どのような相関関係があるかも考えてみて下さい。

正位置の意味

スプレッドでの「吊るされた人」の正位置は、ある瞬間や時間の中で凍りついているような停止の状態を表しています。物事が動かないときに、私たちは不慣れで困難な立場に置かれますから居心地が悪く、なんとなく落ち着きません。今の自分の役割が正しいのかどうかもわからない状況です。でも、たいへんポジティブな側面もあります。その難しい立場に置かれることで、物事についての新たな観点や視点が生まれ、以前よりも視野が広がり、自分に対しても新しい見方ができるようになるのです。
また、このカードは「自分の力では何も変えられない」と感じるような不自由な環境や、誰かのために自分を犠牲にしているような状況も表します。その独特な状況を逆に活かして、全体を別の角度から眺め、どういった方向に進めばよいかを考えるとよいときです。
恋愛と仕事においても、どこか停滞を感じさせる状況です。異なる見方からのアプローチをすることで、今の状況を自分にとって有利に活用できるとカードは告げています。

逆位置の意味

「吊るされた人」の逆位置は、正位置とは逆に、自分のあり方が正しいと信じていて、周囲をあるがままに見ているものの、真実に基づく視点が得にくくなっています。つまり、物事を部分的に捉えており、視野が狭くなっているのです。あるいは、束縛されたり囚われたりしているように感じていますが、出口が見つかりません。カードの助言はやはり、居心地の悪さを受け止め、視点を変えて問題を眺めることです。

13. 死神

13番「死神」は水のエレメントと蠍座、冥王星と関わります。蠍座も冥王星も生命のサイクルや変容、変化とつながりがあります。死神のカードが実際に死を表すことは、非常にまれです。ただ、（よいか悪いかは別として）何かの状況や段階が終わることを示します。
このカードを解釈するときは、スプレッドで周囲に出たカードも見て、どのような相関関係があるかも考えてみて下さい。

正位置の意味

スプレッドでの「死神」の正位置は、1つのサイクルの終わりと新たなサイクルの始まりを示します。このカードは永遠に続くものなど何もないことを私たちに思い出させます。でも、何かの段階や人間関係、状況などの終わりを迎えるとき、その結果として私たちは新しいステージへと移行するのです。たいてい、それは自分で積極的に選ぶような変化ではなく、計画にもなかったものであり、どちらかといえば変化を余儀なくされる形です。それを受け入れ、新しいステージの到来を歓迎しなさいというのが、このカードの基本的なメッセージです。
恋愛や仕事を占う場合、最も過激な見方をすれば、1つの章の終わりかもしれませんし、1つの段落の終わりなのかもしれません。恋愛や仕事の中で、ある段階が終わったり、変わったりするということは、必ずしも別れや退職を示すとは限りません（実際にそうなる場合もあります）。

逆位置の意味

「死神」の逆位置の意味は正位置と同じですが、重要なニュアンスを含んでいます。自然に変化を受け入れやすい正位置に比べて、逆位置では質問者が変化に抵抗しており、苦しみを感じることを示しています。このカードの意味を深く受け入れ、永遠に変わらないものなど何もないと認められるかどうかが問われています。終わりとは、新しい始まりなのです。

14. 節制

14番「節制」は地のエレメントと射手座に関わりがあります（射手座は火のサインですが、カード自体のエレメントは地です）。節制のカードは人生で直面するさまざまなことに対する忍耐や節度、安定、静けさといった長所を表し、流れに身をまかせることを伝えています。
このカードを解釈するときは、スプレッドで周囲に出たカードも見て、どのような相関関係があるかも考えてみて下さい。

正位置の意味

スプレッドでの「節制」の正位置は忍耐とセルフコントロールを表します。問題に遭遇しても落ち着いて、冷静でいるべきときだと伝えています。短気になったり、心配事で頭をいっぱいにしたりせず、カードに描かれている水のような、おだやかな流れにゆだねて下さい。
また、このカードは中道をいくことを勧めています。感情や思考をコントロールし、過激な決断をしないで物事をそのままにしておきましょう。状況に煽られず、静かでおだやかな境地に達したときに決断をすることです。
さらに、このカードは、状況や人間関係に対して、水のように柔軟な適応力があることも表します。恋愛面では相手とおだやかに助け合い、お互いに気持ちがやすらぐときを示しています。仕事面では、あなたの冷静さが人々の目にとまるでしょう。思慮深くて落ち着いた、静かな人だと評価されます。

逆位置の意味

「節制」の逆位置は、短気になって心の平静を失っている状態や、嵐のように荒れた状況にいることを指しています。誰かの助けがほしいときですが、そのような自分からもいったん距離を置き、心を落ち着け、内面を見つめて自分を立て直して下さい。

15. 悪魔

15 番「悪魔」は土星と山羊座に関わります。山羊座が悪いというのではありません。このカードが表している、自分で自分に課す制限や束縛というのは山羊座に見られる特徴でもあるのです（なぜか重荷を背負うことがよくあります）。悪魔のカードは自分で自分をがんじがらめにすることと、問題のある行動を示します。
このカードを解釈するときは、スプレッドで周囲に出たカードも見て、どのような相関関係があるかも考えてみて下さい。

正位置の意味

スプレッドでの「悪魔」の正位置は、私たちが刹那的に生きており、長い目で見ると、その状況は自分のためにならないことを暗示しています。不道徳やよくない習慣、セックス（特に、心を通い合わせず肉体の快楽だけを求める行為）や、知らず知らずのうちに自分で自分を縛ること、また、そのために不毛な罪悪感を得ることなども指しています。自分は被害者だとあなたは感じているかもしれませんが、状況を変えるための鍵は、あなたが持っています。あとは、自分の強さに気づくだけでよいのです。私たちが苦しむのは、多くの場合、自らの性格と弱さのためなのだから、それを乗り越える努力も自分でできることをカードは伝えています。
人間関係を占う場合、このカードはセックスを目的としたつながりか、感情的な執着がある有害な関係を指しています。仕事面では、誰かのことを好きではないのに、義務感のために決別できないでいることを示します。いずれにしても、私たちは自分の足で歩み出し、運命を変えることができるとカードは伝えています。

逆位置の意味

「悪魔」の逆位置は解放を表します。罪悪感を感じるシチュエーションから抜け出し、すべてを徐々に拭い去り、自由になれるでしょう。

16. 塔

16番「塔」は見るからに怖そうな絵柄ですが、それほどネガティブなカードではありません。すべてのアルカナがそうであるように、塔のカードにも教えと学びがあるからです。
このカードを解釈するときは、スプレッドで周囲に出たカードも見て、どのような相関関係があるかも考えてみて下さい。

正位置の意味

「塔」の正位置は、最もショッキングなカードの１枚です（スプレッドの中に出てきたときの驚きは、おそらく、どんなカードにも勝るでしょう)。塔のカードはきわめて重要なときを告げています。それは単純でも喜ばしいものでもなく、破壊のときであり、多くの変化を伴います。とはいえ、何かネガティブな出来事が起きるわけではありません。このカードが伝えているのは、私たちが真実だと思い込んでいたことが突然ばらばらに崩壊し、人生観の刷新を余儀なくされるだろうということです。自分とはいったい何者なのかを深いところで意識し、考え直すようになるでしょう。その過程で新しい自己認識が生まれますが、それと同時に、以前のものの見方を破壊しなくてはなりません。
恋愛面ではポジティブなカードではありません。関係の終わりを暗示しますが、実は、その関係は深いところで人生や仕事での成長やステップアップを妨げています。

逆位置の意味

「塔」の逆位置は正位置の意味と同じですが、正位置のように劇的で大きな変化ではありません。自分の中に取り入れやすい、小さなレベルでの変容でしょう。恐れや不安を感じるかもしれませんが、その変化はポジティブなものだと本心の深いところで気づくはずです。

17. 星

17番「星」は風のエレメントと水瓶座に関わりがあります。
星のカードは、絵から受けるイメージどおり、軽やかで純粋で、明るくて幸運なものを表します。あなた自身や占う相手、また、占いたい状況がとても素晴らしく、よいものだと告げています。
このカードを解釈するときは、スプレッドで周囲に出たカードも見て、どのような相関関係があるかも考えてみて下さい。

正位置の意味

スプレッドでの「星」の正位置は、すべてのカードの中で最もよいものの１つです。このカードには、実質的にはネガティブなニュアンスがまったくありません。星のカードはインスピレーションや静けさ、幸運、精神性など、たくさんの長所を象徴します。占いたいことに対しても、よい結果が訪れることを暗示しています。あなたの生き方は理性によって導かれており、そこに感情もきちんと伴っています。マインドとハートが手を取り合い、流れるように、きらきらと、自然に働いているのです。
恋愛面では、夢のような、美しくて純粋な関係に心地よさを感じるでしょう。
仕事面では、得意なことや楽しめることが見つかることを示しています。何事もスムーズに運ぶような場が見出せるでしょう。

逆位置の意味

「星」の逆位置にはネガティブな意味はありません。正位置が表す輝かしさや素晴らしさの表れ方が、やや静かで地味になりますが、ポジティブな意味合いであることは変わりません。

18. 月

18番「月」は水のエレメントで、対応する天体は月、星座は魚座です。占星術では、天体である月は蟹座の支配星ですが、タロットでは蟹座ではなく、魚座と関わります。
月のカードは超常的なものや神秘的なもの、女性性、直感、無意識、不安、夢を指します。
このカードを解釈するときは、スプレッドで周囲に出たカードも見て、どのような相関関係があるかも考えてみて下さい。

正位置の意味

スプレッドでの「月」の正位置は、暗示的で刺激的なシチュエーションを指しますが、その一方では不透明な、ほとんど非現実的にも感じられる心境も表します。何もかもうまくいきそうに感じられるのですが、それと同時に恐れや不安、非現実的な感覚のようなものも感じます。物事が、思っているのとは異なるような気がするのです。また、深遠な世界や霊的な領域に足を踏み入れ、直感に従うことも示しています。このカードは、私たちを女性的で本能的な、移ろいやすくて感情的な側面につなげます。よい悪いに関わらず、フィーリングや感覚的な刺激に訴えかけます。意識的に、あるいは無意識に、そうしたフィーリングや感覚を他人がどう反映し、また、私たちが他人に投影しているかを問いかけます。何もかもが相対的な、幻であるかのように思える夢の世界であり、幻想や偽り、イマジネーションが主な役割を担っています。隠されている情報や事実もあるかもしれません。
恋愛面では不安や恐れを暗示し、仕事面では、曖昧で不明瞭な物事を指しています。

逆位置の意味

「月」の逆位置は､長い間抱えてきた疑いや恐れや不信感を乗り越えることを象徴しています。あるいは、ずっと隠されてきたことが明るみに出て、本当の意味や真相がわかることを告げています。

19. 太陽

19番「太陽」は火のエレメントで、対応する天体は太陽、星座は獅子座です。
太陽のカードは新たな始まりや輝き、子ども時代、安全ではっきりしていることを象徴します。全般的に非常にポジティブで元気が出る、ハッピーなカードです。
このカードを解釈するときは、スプレッドで周囲に出たカードも見て、どのような相関関係があるかも考えてみて下さい。

正位置の意味

スプレッドでの「太陽」の正位置は新たな始まりや無邪気で純粋な視点、幸福、希望を表します。あたたかさと、人々とも自分ともよい関係が結べていることも示します。快適で、愛されている感じがあり、内面の子どもらしい部分が屈託なく表現できます。このカードは通常、外的なものと関係します。光が当たっているものを指す、男性的な側面です。
恋愛面では、わくわくするような新しい出会いを象徴していますが、出産や新しい共同作業の誕生も意味する場合があります。
仕事面では新しい機会と、有益な状況を象徴します。
私はオリジナルのタロットカードをデザインするにあたり、昔ながらの男性主導的な価値観を見直してみました。伝統的には「内的であいまいなもの（女性、月）」と「外的で安全で輝くもの（男性、太陽）」という区別がなされていますが、太陽も月も女性のキャラクターとし、両方の長所を新たな視点で表現させていただきました。

逆位置の意味

「太陽」の逆位置は幻滅や失望、期待はずれのシチュエーション、恋愛面で落胆することなどを表します。これらの意味は悲しげなニュアンスを感じさせますが、格別に悪いメッセージというわけでもありません。あくまでも一時的なものであり、すぐに過ぎ去るでしょう。

20. 審判

20番「審判」は風のエレメントであり、対応する星座は水瓶座とする説があります。
審判は大アルカナの最後から2番目のカードです。タロットの旅の終盤です。
審判のカードは正義を表します。それは「正義」のカードのように現世的な視点からのものとは異なり、私たち自身に対する審判という意味合いです。
このカードを解釈するときは、スプレッドで周囲に出たカードも見て、どのような相関関係があるかも考えてみて下さい。

正位置の意味

スプレッドでの「審判」の正位置は、自分の心の中の対話の見直しを勧めています。自分の失敗を許して自分を思いやり、自分の性格が最終的にもたらした結果を受け入れ、根本的な視点に立ち返り、あなた自身の価値を認めましょう。このカードは完全で一貫した充足感や、自分や相手が犯したあやまちとの和解を伝えています。生きる上で避けては通れない世俗的な体験と、生きることそのものを、寛容に受け入れるのです。このカードは私たちに勇気をもたらし、自己との健全な関係を築かせ、自分にふさわしいものを享受することを促してくれます。
恋愛面ではポジティブなときを暗示しますが、自分を尊重しながら行動することが大切です。仕事面では、あなたの努力にふさわしい達成や自己肯定ができます。

逆位置の意味

「審判」の逆位置は自尊心や自己に対する評価、あるいは自分との関係に問題があることを示します。私たちはいかに価値があり、いかに多くの素晴らしいものを世界や自分に対して差し出せるかに気づきなさい、とカードは告げています。自分自身との関係を見直し、もっと多くの愛と思いやりを自分に注いで下さい。

21. 世界

「世界」のカードは水のエレメントで大アルカナの 21 番、旅の完結を表します。
「世界」は人生に対して完全にオープンであるというカードです。これまでのアルカナのすべてを人生に統合できていれば、あらゆる可能性を自由に受け取ることができます。
このカードを解釈するときは、スプレッドで周囲に出たカードも見て、どのような相関関係があるかも考えてみて下さい。

正位置の意味

スプレッドでの「世界」の正位置は、あなたがすべてのアルカナの学びと人生経験をまとめ上げ、人生のすべてを受け入れることができると告げています。コミュニケーションをし、心を開き、体験を重ねて自分を豊かにしていきましょう。「世界」は充足や祝福、人との幸せの共有を示す、たいへんポジティブなカードです。さらに現実的な視点では、SNS やその他のメディアを通して、あなたがずっと待っていたメッセージを受け取るようなコミュニケーション（電話や LINE など）を指します。このカードは、最も深いところで人間の体験の縮図となっており、プロセスの完成を表しています。
恋愛面ではよいカードです。自らを完全にゆだねられるような、明るい見通しの関係を象徴します。
仕事面でもプロとして納得がいく仕事ができ、目標や願望が達成できることを示しています。

逆位置の意味

「世界」の逆位置は、まだ終わっていないために不満や悲しみを生むような、未解決の問題や段階を暗示しています。努力をしても効果がなく、どうしようもありません。しかし、このカードはあきらめずに進み続けることを勧めています。なぜなら、このカードは、はっきりとした否定を表さず、むしろ希望を示すからです。

小アルカナ

大アルカナのメッセージを さらに読み解く

これまでにご紹介してきた22枚の大アルカナと同じく、小アルカナも複雑で、じっくりと学ぶ価値があります。このページでは、それぞれのカードの意味をまとめました。大アルカナの意味とアーキタイプが把握できたら、小アルカナに目を向けてみて下さい。私の「タロット・デ・カルロタイド」はそれぞれのスートを色彩理論に基づいて色分けし、わかりやすくしています。民話などからの着想も取り入れています。

	剣　ソード（風、理性）	杖　ワンド（火、創造）	聖杯　カップ（水、感情）	金貨　ペンタクル（地、物質）
エース（可能性）	力、明晰性、勝利	創造、ひらめき、強さ	親密さ、充足	繁栄
2（二元性）	選択、二分化	発見、新しい冒険	魅力、統合、パートナーシップ	適応力、バランス
3（コミュニケーション）	痛み、嘆き、心痛	準備	コミュニティ、友情	コラボレーション
4（安定）	回復、休息、小休止	祝賀、パーティー	無気力	安全
5（逆境）	緊張、問題、討論	誤解、論争	喪失、後悔	貧困、心配
6（成長）	移行、旅行	進展、自尊心	回顧、純朴さ、子ども時代	慈善、寛大さ
7（信念）	落胆、裏切り	忍耐、競争	空想、幻想	投資、ビジョン
8（変化）	孤独	変化、動き	侵略、偽り	コミットメント、訓練
9（結果）	失望、不安	忍耐	満足	贅沢、感謝
10（まとめ）	喪失、危機、痛み	責任	幸福	富、ステイタス
ペイジ（行動、メッセージ）	好奇心	熱心	やさしい	起業家
ナイト（動き）	議論好き、鋭い	情熱的	ロマンチック、チャーミング	効率的
クイーン（影響）	洞察、理性的、冷淡	情熱と活力	共感的、直感的	愛情、愛着
キング（権威）	知的、はっきりとした思考	ビジョナリー、勇気	感情のバランスがとれている	支配的、規律

カードの展開方法

シャッフルする（混ぜる）

カードのシャッフルの仕方（混ぜ方）には、いろいろな方法があります。いつもカードを同じ方向に混ぜる人や、いつも右手または左手と、使う手を決めている人もいます。私は「自分の直感に従う」という考え方です。占いたいことについての質問を思い浮かべながら、よくシャッフルして下さい。

スプレッド（並べる）：何を、どう質問すればいいの？

質問を決めずにタロットを引いて並べてみることも可能です。出たカードを見て、占う人についての情報を読み取ります。そこから、出たカードについて掘り下げていくか、具体的な質問を作ってカードを展開してみましょう。
タロットのスプレッドには非常に多くのレイアウトや種類があります。次のページ以降で、私のお気に入りのスプレッドをいくつかご紹介しますが、どんな並べ方をしても自由です。あなたにとってやりやすいスプレッドを考案したり、直感に従ってカードを引いたりしてもかまいません。

タロットを初めて使う人は、まず、数枚のカードを引いて占ってみましょう。慣れてきたら、複雑なスプレッドに挑戦し、出たカード同士の相互関係を読み取ってみて下さい。いろいろなカードの組み合わせをどう読み取ったかを、タロット用の日記帳に記録しておくと、そのときのあなたの感じ方がわかり、学びと成長に役立ちます。お友達や知り合いをカードで占うことから始めてもかまいません。タロットの世界の探求を徐々に深めていきましょう。

タロットとオラクルカードの違い

タロットはみな、これまでにご紹介したとおりの構成になっています。オラクルカードはそれよりも自由なタイプのデッキであり、規則性はありません。アーティストがそれぞれのカードの意味を選んでおり、タロットで表されているとおりのアーキタイプには沿っていません。

スプレッド 1

問題に対する助言を求めます。

1. あなたの問題の本質は何か
2. あなたにどう影響を及ぼすか
3. それをどう乗り越えるか

スプレッド 2

シンプルな恋愛占いです。

1. 関係についての全体像
2. 質問者はどう感じているか
3. 相手はどう感じているか
4. 今後どうなるか

スプレッド 3

相手があなたについて、どう考えているかを占います。

1. あなたから見た、相手との現状
2. あなたはどう感じているか
3. 相手から見た、あなたとの現状
4. 相手はどう感じているか
5. この先、どのようになるか

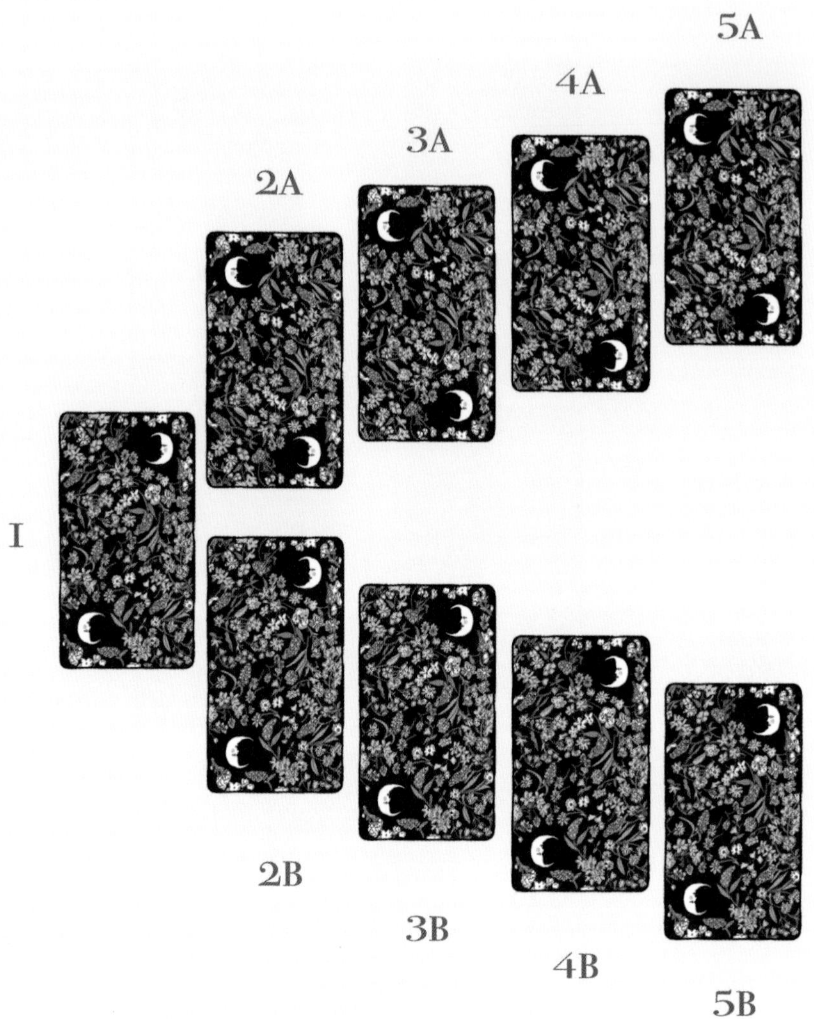

スプレッド 4

何かをする場合と、しない場合とで、
それぞれどのような展開になるかを占います。

1. 現在の状況

2A ～ 5A. それをした場合

2B ～ 5B. それをしなかった場合

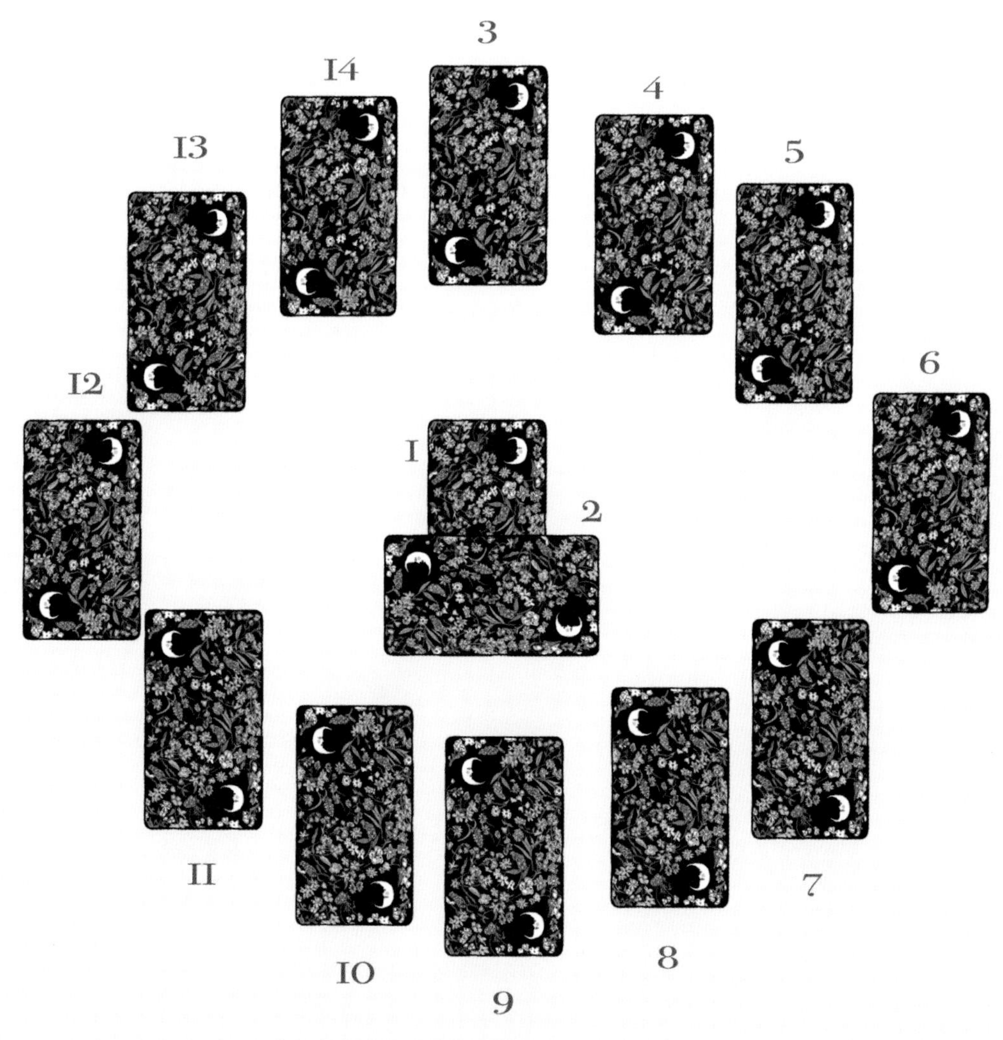

スプレッド 5

1 年間がどのようになるか（毎月のエネルギー）を占います。

1. その年のエネルギー
2. その年の課題
3. 毎月のエネルギー（3 のカードを 1 月として、順に見ていきます。
   14 のカードが 12 月です）

その他の占術

水晶玉

魔女が使うことでよく知られる水晶玉は、過去から現在、そして未来のビジョンを透視するために、太古の昔から使われてきた道具です。使いこなせるようになるには、実践を重ねることが必要です。

1. 水晶玉を浄化し、活性化します。

2. 薄暗い場所で、キャンドルに火を灯してあなたの背後に置き、水晶玉をじっと見つめます。

3. 集中力を維持していると、ぼんやりとした映像が見え始めます。何が見えるかをグリモワールに書き留めるか、水晶透視の記録用のノートに書いておきましょう。

4. 使わないときは、日光が当たらないよう、水晶玉にカバーをかけて覆っておくことを忘れないで下さい。

ペンデュラム

ペンデュラム（振り子）はクォーツなどに紐や鎖を付けたものです。「はい」「いいえ」「たぶん」などと書かれた小さなボードや紙にかざして揺れるにまかせ、答えを得ます。
占いで使うには、まず、ペンデュラムと意識をつなげます。他の魔法の道具と同じように浄化をし、活性化させましょう。
ペンデュラムは単純な質問に対して役立ちます。ボードや紙の上で自然にペンデュラムを揺れさせます。その揺れが止まるまで、自分は静かに同じ姿勢を保ち、動かないようにして下さい。

ルーン

ルーンとは、小さな木片などに文字が刻まれたものです。ルーンにはいくつかの種類がありますが、最もよく知られているのはスカンジナビアで生まれたバイキング・ルーンです。使う前には浄化と活性化をするとともに、文字の意味を理解し、ルーンを投げて落ちた配置などから意味を読み解く必要があります。おおまかな手引きとして、それぞれのルーン文字の意味を以下に挙げておきます。

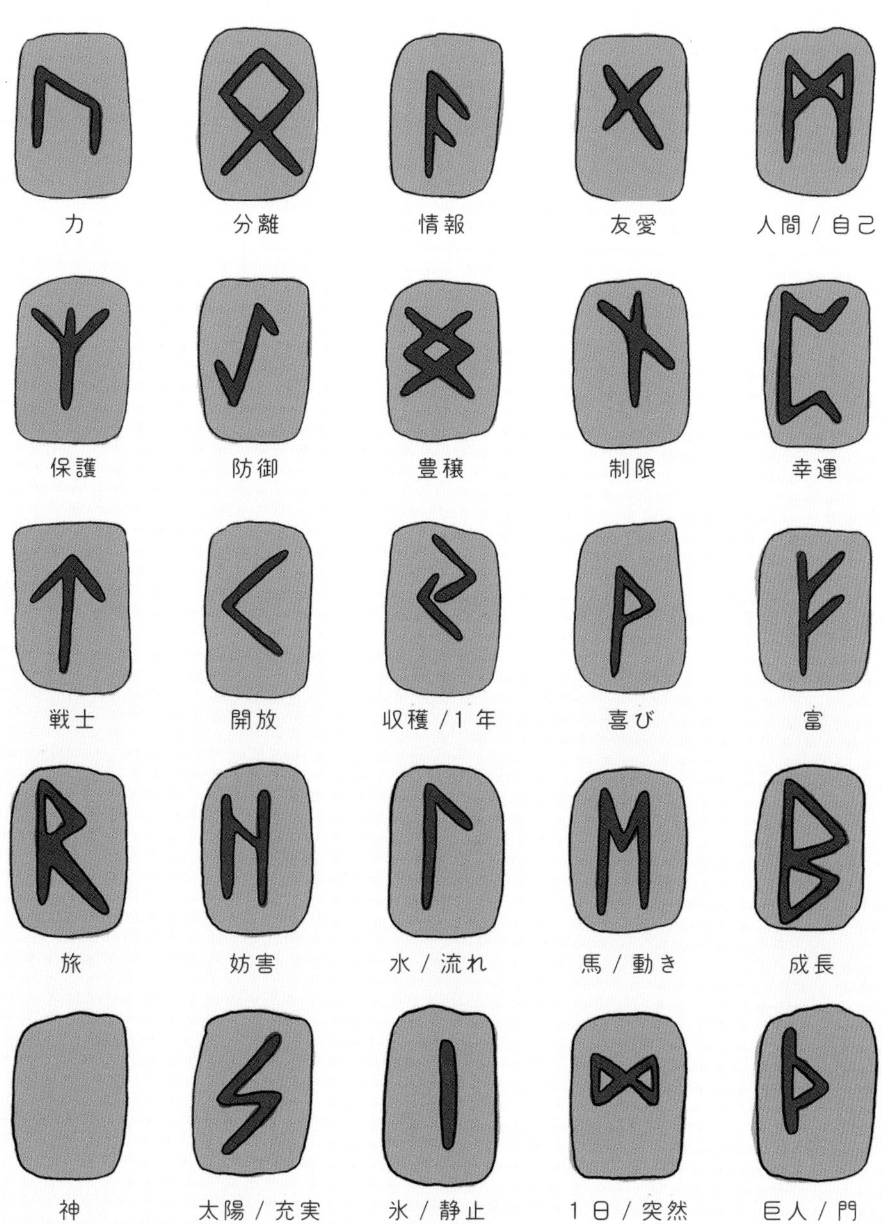

手相

まず右手の手相を読んでから、次に、左手に出ている情報と照らし合わせます。右手のリーディングを約８割、左手のリーディングを約２割とします。

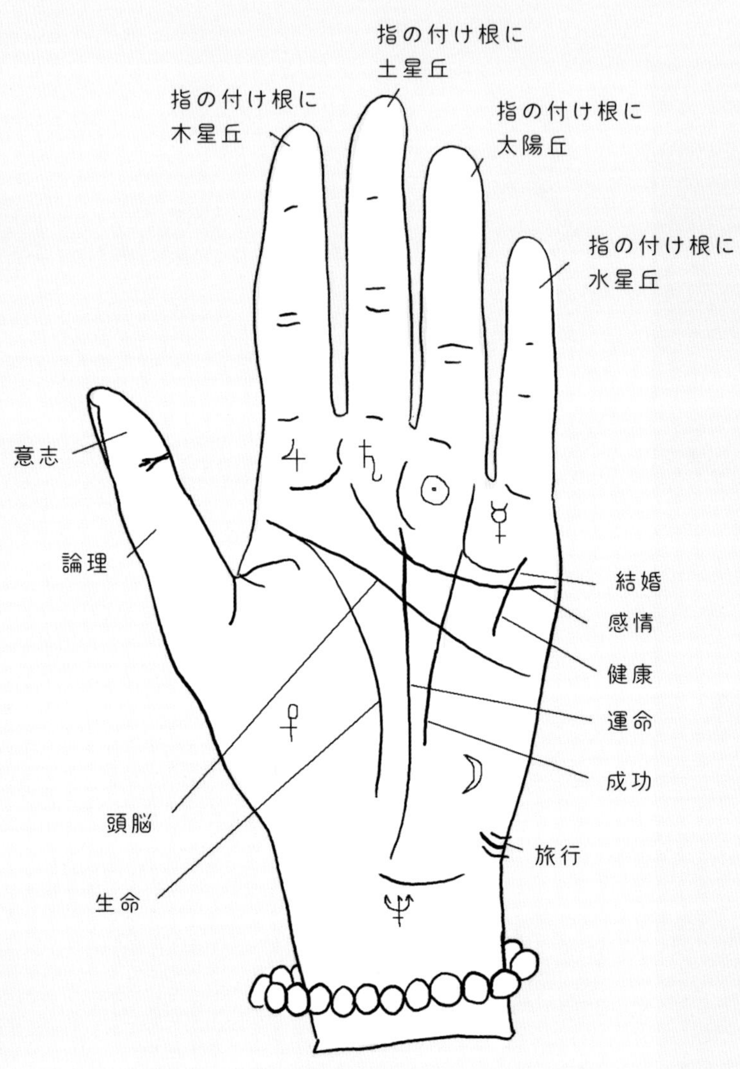

手相占いでは、それぞれの線の交差や位置を見ます。上のイラストでは「丘」と呼ばれる部分に占星術の天体のシンボルが描かれています。それぞれの丘には、それに対応する天体が司る領域やテーマが表れます。丘の部分の肉付きに注目してみましょう。一番ふっくらとしている丘が、注目に値する領域です。ここでは手相占いで用いる主な線を描いていますが、他にもいろいろと、読み取りが可能なディテールが存在します。

タッセオマンシー
（お茶の葉占い）

紅茶などを飲んだ後の茶葉の形を見て、直感的に意味を読み解く占いです。コーヒーカップに残った粉で占うテクニックもあります。おおまかな読み方は次のとおりです。

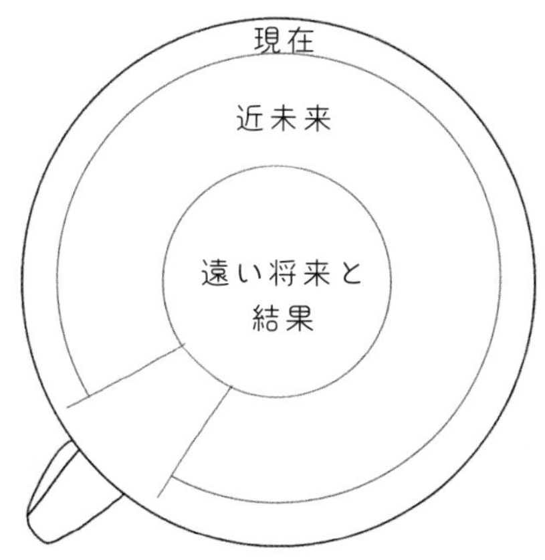

よくない
健康状態

決断

よくない
知らせ

良好な
健康状態

幸運

よい知らせ

旅行

ビジネス

問題

訪問

無益な努力

何かの
知らせ
（中立的）

セロマンシー（キャンドル占い）

キャンドルとセロマンシーについては
P.30～P.31をご覧下さい。

ウィジャ

ウィジャのボード（板の盤面）には、文字と数字と「イエス」「ノー」が書かれています。ウィジャボードは心霊術が盛んになった19世紀に考案され、普及しました。ウィジャのセッションでは、亡くなった人の霊魂との交流がなされます。参加者たちが逆さに置いたグラスに指先を当て、死者の霊魂を召喚すると、グラスが動いて質問への答えを示します。答えを得たら霊魂に感謝を捧げ、セッションを終了します。スピリチュアルな観点からは、ウィジャを危険視する人々がたくさんいます。召喚したい人の霊魂ではないエンティティ（存在）が、あたかもその霊魂であるかのように装って現れた場合に、それが本物か偽物かを確かめようがないからです。科学的な観点からは、グラスが動くのは参加者たちが無意識に動かしているからだと言われています。

10.
魔法のレシピと儀式

- ウィッチソルト
- フロリダウォーター
- カスカリラ
- プロテクション・スプレー
- 7つの結び目
- 魔法の瓶詰め
- アミュレット
- 使い魔
- 愛の儀式
- 豊かさの儀式
- 保護の儀式
- マニフェステーション（願望実現）

ウィッチソルト（魔女の塩）

魔法において、プロテクション（保護）の儀式では塩を使います。全般的に、塩は保護をするために用いられます。塩にはさまざまな種類があり、その用途にも異なるニュアンスがあります。魔法のワークと儀式に使う塩は食用にせず、必ず分けておいて下さい。

ピンクソルト（ヒマラヤ岩塩）　レッドソルト　パープルソルト　ブラックソルト　食卓塩　海塩

ピンクソルト（ヒマラヤ岩塩）

ピンク色を帯びた天然の塩です。人間関係や愛の絆を保護します。また、ネガティブなエネルギーと滞りを除去します。

レッドソルト

天然の塩ではありません。海塩とパプリカとペッパーを混ぜ、さらに色付けしたい場合は赤い着色料を用います。意図を設定した上で作りましょう。愛情やロマンス、情熱、セックス、歓びを求める意図に適しています。ブラックソルトとともに、レッドソルトは外部からの力をはね返すターニングの儀式や保護の儀式にも使えます。

パープルソルト

ラベンダーとバイオレットを混ぜて作る塩です（紫色の着色料を足してもよいです）。静けさと平穏をもたらす、おだやかな保護の塩です。

ブラックソルト

「ウィッチソルト」として知られるタイプの塩で、最も高い効力を持ちます。保護や浄化、厄除けの儀式で最も強い力を発揮します。ブラックソルトを作るには手間がかかりますので、辛抱強く取り組みましょう。経験を積んだ人々もたくさんいますから、信頼できる人から直接購入することも可能です。自分で作る場合の材料は以下です。

- 香炉または深いキャセロール皿
- クローブ
- 木炭
- 乾燥させたローズマリー
- シナモンスティック
- 海塩

自分の保護に使うには、海塩以外のすべての材料に火をつけ、黒い灰になるまで完全に燃やします。その灰と海塩を混ぜ、暗い場所に保管します（灰と一緒に、マッチの燃えかすも混ぜるレシピもありますが、私は上記だけで作るほうが好みです）。

食卓塩

保護の力があり、悪いエネルギーにおだやかに働きかけて浄化します。

海塩

感情のバランスを整え、浄化し、保護します。

ヒント：

部屋を塩で保護するときは、まず古いエネルギーを浄化してから、四隅にブラックソルトか海塩を数粒まいて下さい。

フロリダウォーター

フロリダウォーターとは柑橘類とシナモンの香水で、魔法の力が加えられています。作られ始めたのは19世紀のアメリカで、マレー＆ランマン社が老舗として最も有名ですが、ご自宅で手作りできます。魔法の効力は幅広く、エネルギーの浄化や、豊かさと幸運の引き寄せに役立ちます。私は空間の掃除と浄化の仕上げに、フロリダウォーターをしゅっとひと吹きスプレーしています。

用意するもの

- 容量2リットル以上の清潔なガラス瓶（蓋つき）2個
- オレンジ1個
- タンジェリン1個
- レモン1個
- 満月の日に作った蒸留水1リットル以上
- シナモンスティック2本
- クローブ
- 生のラベンダー
- 生のローズマリー
- 挽いた乾燥ミント小匙1杯
- アルコール度数96%のウォッカなど

作り方

- 柑橘類の皮をむき、皮を小さく刻みます。
- 蒸留水の半分の量を瓶に注ぎ入れます。
- 瓶に柑橘類の皮を入れます。
- 香りが広がりやすいように、シナモンスティックを指で軽くほぐしながら瓶に入れ、クローブも入れます。
- ハーブ類を加えます（指先で小さくちぎって入れて下さい）。
- 瓶の半分の量までアルコールを足し、残りの蒸留水を入れて瓶をいっぱいに満たします。
- 瓶にフタをして、よく振ります。
- 直射日光が当たらない場所に置き、少なくとも14日間そのままにしておきます。
- その後、内容物を布で濾しながら、別の瓶に移し替えて、出来上がりです。

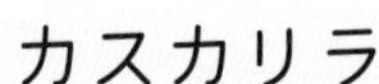

カスカリラ

カスカリラはカリブ海地域で広く使われている、魔法のパウダーです。基本的な用途は結界を作って保護することです。卵の殻（殻そのものが、自然界で保護の働きを担っています）を乳鉢に入れ、真っ白な粉末になるまですりつぶします。その粉をガラス瓶に入れ、フタをしないで満月の光にさらしてチャージします。その後、フタをして、湿気がこもらない暗所で保管します。

プロテクション・スプレー

保護のエレメントをさまざまに組み合わせて、プロテクション・スプレーを作ることができます（どんなエレメントがよいかは、この本のいろいろなページを見て参考にして下さい）。下記のレシピは私が空間の浄化後にエネルギーの「結界」を作るために使っているものです。瞑想や儀式の前にも愛用しています。

用意するもの

- アメジスト
- ホワイトクォーツ
- セージまたはローズマリー
- 海塩
- 満月のムーンウォーター
- パチョリの精油３滴
- ラベンダーの精油３滴

作り方

すべての材料をフタ付きのガラス瓶かアトマイザーに入れ、よく振って混ぜ合わせます。

7つの結び目

紐を縛って作る「バインディング」は人やものを引き寄せる、パワフルなおまじないです。でも、誰かに愛してもらうために行うのはやめましょう。なぜなら、それは相手の意志の力を操ろうとすることであり、あなたも相手も不幸になるからです。求めるものを引き寄せるおまじないとしてなら、以下の方法が使えます（豊かさを引き寄せるなど）。
ここにご紹介するのは最も よく知られていて、効力が強いものの1つである「セブン・ノッツ・バインディング（7つの結び目）」です。

使用するエレメント

20～70cm程度の赤い紐。結び目を作る人だけが触れるようにして下さい。

いつ作るか？

満月のとき。

1つめを結ぶとおまじないの始まりです（意図を設定します）。

2つめを結び、願いの実現へと向かいます。

3つめを結び、願っている状態へと向かいます。

4つめを結ぶと、その力が宿ります。

5つめを結ぶと、おまじないに生命が宿ります。

6つめを結ぶと、自分の未来を自分で決めます。

7つめを結ぶと、出来事が発展します。

結び目のおまじない

7つの結び目ができたら、順にほどいて、力を解放させます。毎日1つずつ、結んだ順にほどいていきましょう（最初が1つめ、最後が7つめ）。1つひとつ、ほどくたびにエネルギーが解放され、最後に作った結び目のエネルギーが最後に解き放たれます。

魔法の瓶詰め

設定した意図に合わせたエレメントをガラス瓶に詰めると、簡単な儀式となります。アミュレットとして持ち歩いてもよいですし、設定した意図とともに空間に置くこともできます。必要だと感じる分だけ維持しておき、役目を終えたと感じたら土に埋めて自然に還して下さい。瓶は、それぞれの意図に合わせた色のキャンドルで封をします。その前にスティック型のお香を焚いておき、瓶を煙にくぐらせて浄め、瓶の中にも軽く煙を通しておきましょう。

自分への愛または愛を引き寄せる

ピンクソルト
ローズクォーツ
レッドジャスパー
バジル
ラベンダー
蜂蜜
ローズペタル
ハイビスカス
ピンクの蝋

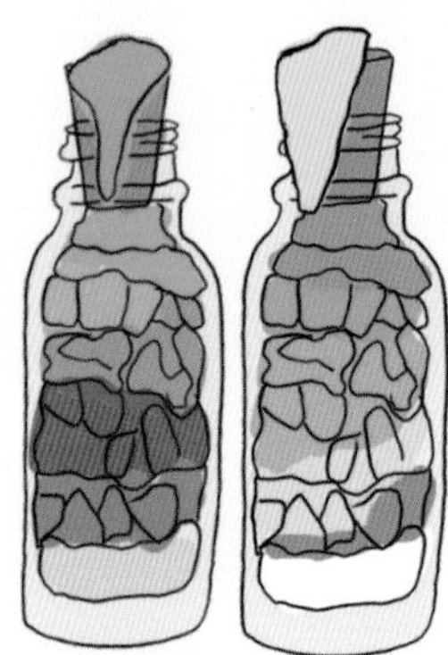

幸福と調和を引き寄せる

海塩
バジル
シトリン
カーネリアン
ヒマワリの種
ローズマリー
黄色の蝋

直感の力を高める

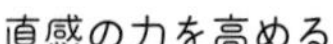

海塩
アメジスト
ラブラドライト
シナモン
ココア
ローズペタル
紫の蝋

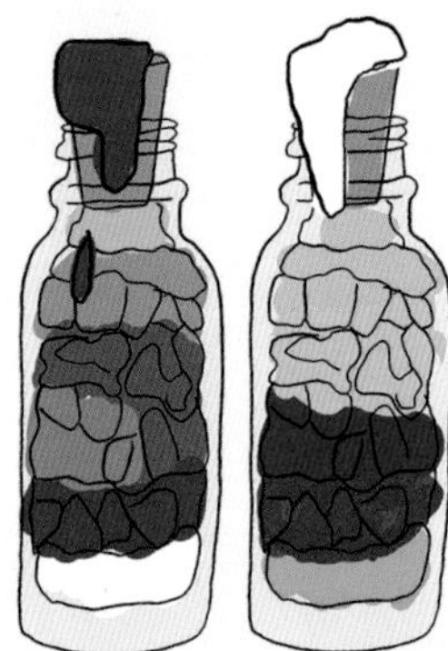

集中力を高め学びを促す

ピンクソルト
レッドジャスパー
アメジスト
ローズペタル
ラベンダー
白い蝋

経済的な繁栄と豊かさを引き寄せる

お米
ミント
パチョリの精油３滴
挽いたシナモン
ローレル１枚
豊かさのシジル（P.20）
グリーンの蝋

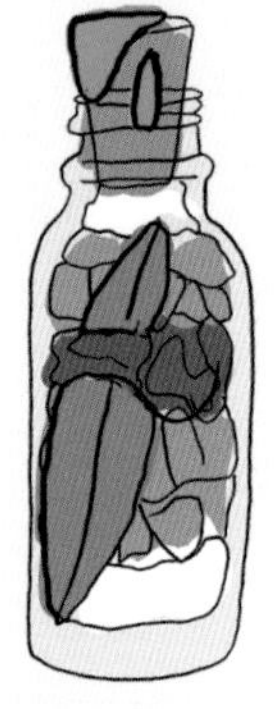

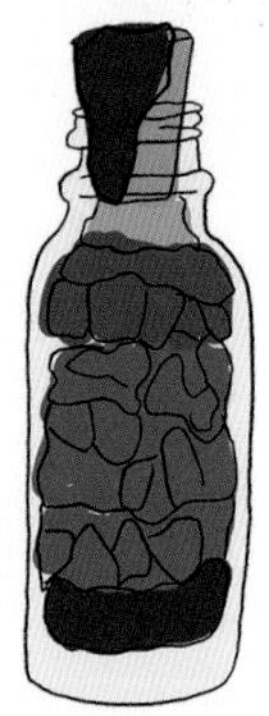

保護をする

ブラックソルト
トルマリン
ホワイトセージ
オニキス
ローズマリー
保護のシジル
黒い蝋

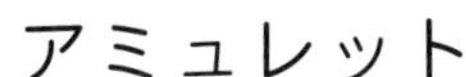

アミュレット

アミュレットとは、自分のエネルギーを保護するために身に着けるお守りです。ペンダントやブレスレットなど、装身具としての役割も兼ねています。このページでは、一般的によく使われているもので、私も好きなアミュレットをいくつかご紹介いたしましょう。また、自分にとって特別な意味があるものを身に着け、幸運を招くお守りにすることもできます。

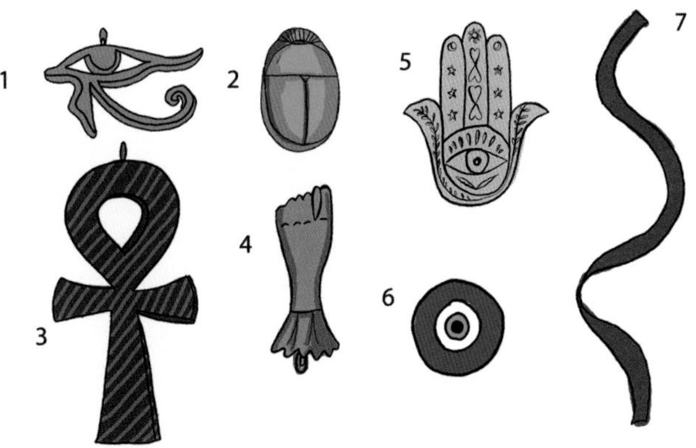

1. ホルスの目（エジプト）
2. ターコイズまたはラピスラズリのスカラベ（エジプト）
3. アンク（エジプト十字、エジプト）
4. フィガ（スペイン北部）
5. ファティマの手（アフリカ北部）
6. ナザール・ボンジュウ（トルコ）
7. 赤いリボン（スペインで大晦日に使われます）

使い魔

使い魔とは、魔法に近しい動物や存在たちのことです。魔法を使う人と主従関係にあり、非常に強い絆で結ばれています。飼っているペットが使い魔であることはよくありますが、すべてのペットが使い魔になるわけではありません。妖精やノームと呼ばれる小人などの神話上の存在や、肉体のない霊的な存在を使い魔のようなものとする言い伝えもあります。

愛の儀式

愛の儀式は自分自身との関係の改善（自己肯定感や自尊心）にも、人間関係の向上（楽しくなごやかなものにする）にも使えます。愛の儀式はバインディングとは異なり、なんらかの形で関係に調和をもたらそうとするものですから、白魔術です。一方、バインディングは人の意志を操って誰かと結びつけることであり、黒魔術の中でも非常に複雑なワークです。それによって結ばれると、両者ともに強い悪影響を受ける可能性があり、それを覆すのは難しいことが多いです。
そのため、この本では愛を見出す儀式や、愛を引き寄せる儀式、関係（恋愛以外も含む）を喜ばしいものにする儀式をご紹介します。どれもバインディングとは異なります。

自分を愛して魅力を高める
アフロディテのバスソルト

女神アフロディテに着想を得たバスソルトを、祭壇で作ることから儀式を始めます。自信と自己愛を高め、多くの「求婚者」（古めかしい言葉ですが）を惹きつけ、自分の魅力を高めるために、満月の夜に沐浴をしましょう。浴槽がない場合は容器に水を入れてバスソルトを混ぜ、シャワーを浴びるときに身体にふりかけて下さい。この沐浴やシャワーの後は、翌日まで身体を洗い流さないでおきましょう。濡れた身体をタオルでこすらず、軽く押さえるようにして乾かして下さい。

用意するもの

- ピンクソルト
- ローズヒップオイル３滴
- ローズペタル（できれば生花の花びらを使って下さい。乾燥させたものでもOKです）
- 乾燥ラベンダー小匙１杯
- 砂糖小匙１杯

作り方

フタ付きのガラス瓶にピンクソルトとローズヒップオイル、ローズペタル、ラベンダー、砂糖を入れて混ぜ合わせます。儀式の間はピンクまたは白いキャンドルを灯して下さい。

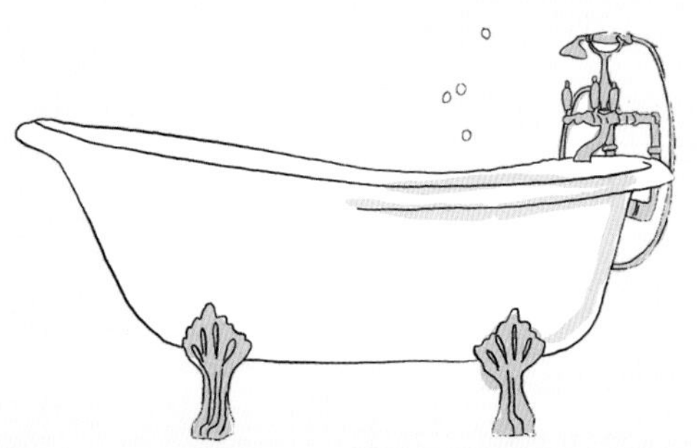

恋愛を引き寄せる儀式

この儀式は私の友人のお母さんが持っていたおまじないの本に載っていたものです。友人は儀式をした次の日に素敵な男性と出会い、婚約しました。そのような即効性が誰にでもあるかはわかりませんが、真剣に恋人を探しているなら（自分自身にも意識を向け、自分を愛するワークに加えて）この儀式をお勧めします。

用意するもの

- 満月のムーンウォーター（他の月相のものでも可）
- 蜂蜜
- カルダモン
- シナモン

タイミング

日の出、三日月または満月

方法

小鍋にムーンウォーターと、お好みの量の蜂蜜を入れて沸騰させます。そこにカルダモンを加え、シナモンを加えて下さい。火からおろし、冷ましてからゆっくりと飲みます。この儀式を終えてから、初めて外出するときは、まず利き足（利き手が右手であれば右足）を前に出して歩き始め、「おだやかで素敵な愛と幸せを感じる相手とめぐり会えます」と唱えましょう。

やさしさを高める儀式

この儀式はどんな人間関係（パートナー、家族、友達）の向上にも適しています。関係のポジティブな部分を高め、お互いがさらにわかり合えるよう導きます。

用意するもの

- 小さなピンクのキャンドル１本
- 白い紙と赤ペン
- 白いお皿
- 蜂蜜
- 砂糖
- シナモン

タイミング

三日月

方法

ピンクのキャンドルを灯し、関係をよいものにしたい、という意図を設定します。お相手の名前を３回、紙に書いたら折りたたんでお皿の上に置きます。そして、蜂蜜と砂糖とシナモンを紙にふりかけ、意図に従って瞑想します。キャンドルが燃え尽きたら、お皿の上のものをすべて土に埋めて下さい。

豊かさの儀式

豊かさとは、経済的な繁栄や物質的な充足だけでなく、心が満ち足りておだやかになることでもあります。自分は豊かであり、お金と経済的な安定を得るのにふさわしいと感じることが大切です。あなたの家に豊かさと物質的な繁栄が訪れる儀式と、エネルギーブロックで閉ざされた道（職場をはじめとした、いろいろな場で）を拓いてチャンスを引き寄せる儀式をご紹介します。どちらも非常にシンプルです。

シナモンの儀式

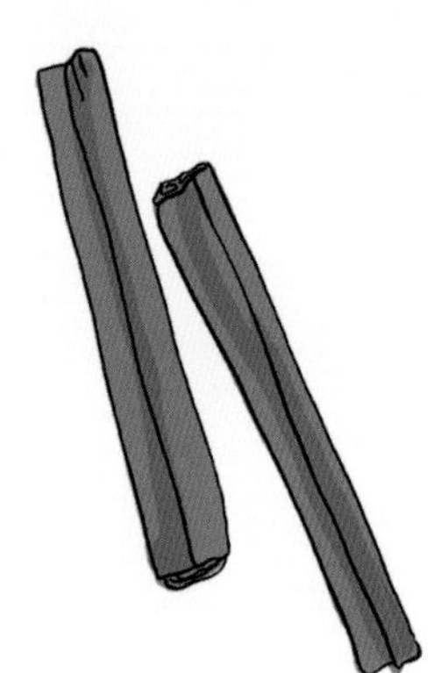

毎月、月初めに行いましょう。シンプルな儀式ですが、豊かさや経済的な繁栄の引き寄せに非常に効果的です。

用意するもの

- すりつぶしたシナモン小匙１杯

方法

月初めの日に、小匙１杯程度のシナモンを右の手のひらに乗せます。家の入口の敷居（玄関）で、家の内側に面して立ちます。目を閉じて、「このシナモンが、この家に豊かさを呼び込みます」と声に出すか、心の中で唱えて下さい。手のひらのシナモンを吹き飛ばし（このときも、必ず家の内側に向けて下さい）、翌日までそのままにしておいてから掃除します。

道を拓く儀式

私たちはみな、自分のエネルギーによって自然にチャンスを引き寄せています。そのチャンスに制限をかけてしまうエネルギーブロックを打破するのが「道を拓く儀式」です。鎮静の月の日に、自分自身と空間のエネルギーを浄化しながら家の掃除をするというものです。使わなくなった物や、縁がなくなった人からもらったプレゼントなどを処分しましょう。よいエネルギーを感じない物も捨てて、空気の入れ替えをして下さい。

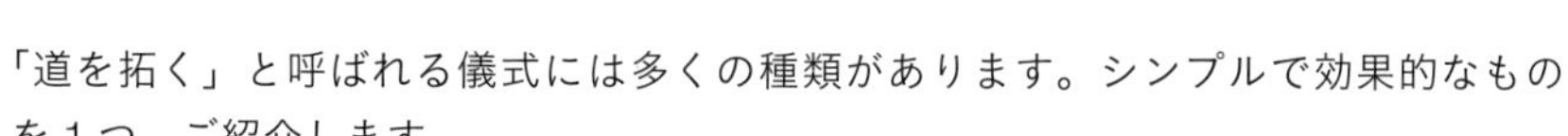

「道を拓く」と呼ばれる儀式には多くの種類があります。シンプルで効果的なものを１つ、ご紹介します。

用意するもの

- パロサントまたはローズマリーのお香２本
- 紫のキャンドル１本とゴールドのキャンドル１本
- 鉛筆と紙
- 布袋（できればゴールド）１つ
- 鍵
- コイン３枚
- マッチ

タイミング

満月の日

方法

- まず、浄化（エネルギーと物質）をします。

- 魔法の空間でお香を焚き、完全に燃え尽きるまで待ちます。その後、新たにもう１本のお香に火をつけ、儀式を始めます。

- キャンドルの意図を設定します。
紫のキャンドル（エネルギーを変容させます）に針の先か短剣を使って「ネガティブなエネルギーの変容とブロック解除」と彫ります。
ゴールドのキャンドルには、あなたの目的を表す言葉を彫ります（豊かさ、お金、強さなど）。

- 宇宙に宛てた短い手紙を紙に書きます。困っている状況の打破をお願いし、お礼の言葉を添えて下さい。

- 紙を二つ折りにして、鍵と３枚の硬貨と一緒に袋に入れます。袋はキャンドルのそばに置いておきます。

- ゴールドのキャンドルに火をつけ、燃え尽きるまで待ちます。完全に燃えたら、紫のキャンドルに火をつけます。キャンドルが燃えている間に、家の部屋から部屋へ、お香の煙をくゆらせて回ります。

- キャンドルが燃え尽きたら、紫とゴールドの蝋をそれぞれ１滴ずつ袋に垂らして入れます。

- あなただけが使う引き出しの中に袋を入れて、状況が好転するまで保管して下さい。

- 状況が打破できたと感じたら、袋を庭か植木鉢の土に埋め、再度感謝の気持ちを伝えましょう。

保護の儀式

儀式や人生全般を妨げるネガティブなエネルギーに対して、保護の儀式を行います。ご紹介してきたように、エネルギーを浄化することと、アミュレットを身に着けること（または、魔法の空間に置いておくこと）が最善の方法ですが、さらに強力な手段で自らをエネルギー的に保護することが必要な場合もあります。誰かを傷つけようとするのではなく、他者が私たちに害を与えようとするのを防ぐためです。

フィガ

フィガは手の形をしたアミュレット（P.185）ですが、親指を人差し指の内側に入れた握りこぶしのジェスチャーでもあります。あまりよくないエネルギーを感じる場所に入るときに、自分を守るために、手でこの形を作ります。こちらに危害を加えようとしている人に対しても同様です。

フリージング

縁を切りたい相手の名前を紙に書いてグラスに入れ、それをフリーザーに入れておく「フリージング・ア・パーソン」という方法があります。これは極端な手段ですから、軽い気持ちで行うのはやめましょう。どうしようもない場合の最後の手段として下さい。エネルギー的に自分を守り、人が投げかけるネガティブなエネルギーに影響を受けないように心がけるほうが望ましいです。

ターニング

ターニングの儀式は、魔法を用いるなどして危害を加えようとする人に、ネガティブなエネルギーを送り返すものです。非常に強力な儀式ですが、相手を傷つけるのではなく、単にエネルギーを返すことだけを意図します。ですから、相手に悪意がない場合は、返すものもないはずです。あなたが恐れる必要はありません。

ターニングのおまじない

用意するもの

- マッチ
- 白いキャンドル１本
- 黒いキャンドル７本

タイミング

新月

方法

祭壇に白いキャンドルを立て、それを中心として、周囲に７本の黒いキャンドルを円形に並べます。白いキャンドルは自分を表し、黒いキャンドルは自分に対するネガティブな感情や人を表します。白いキャンドルは自分自身だと思いながら火をつけ、次に、エネルギーを集中させて黒いキャンドルに火をつけていきます。そのときに、心の中で「この人が向けてくる悪が７回、この人に戻りますように」と唱えます。

７回というのは大切なポイントです。そうすることで、この儀式の効力が高まるからです。黒いキャンドルが燃え尽きても、まだ白いキャンドルの火が灯っていれば、儀式は理想的な形で進んでいます。どのキャンドルが最後に燃え尽き、その溶けた蝋はどのような形をしているか（P.31）を読み取り、儀式全体がうまくいったかどうかを見ましょう。

思いを断ち切る儀式

保護の儀式とはやや異なるかもしれませんが、私が友人たちによく尋ねられるのが、終わった恋を忘れるための儀式です。前を向いて進むために、これ以上お付き合いできない相手や、自分を傷つけた相手への感情を断ち切るのです。アフロディテのバスソルト（P.186）を定期的に使って自尊心と自己愛を回復させるのがよいですが、よりはっきりとした、シンプルな儀式で癒やしのプロセスを加速させたい場合には、次のような儀式があります。

用意するもの

- 白い糸
- 白いキャンドル２本
- 針または短剣
- マッチ

タイミング

鎮静の月

方法

- 魔法の空間を整えて準備をしたら、キャンドルの１本に自分の名前を彫り、もう１本には思いを断ち切りたい相手の名前を彫ります。これで、それぞれのキャンドルがあなたと相手を表すようになります。２本のキャンドルを合わせて糸でくくります。これが、かつてあなたがその人と結んでいた関係と、いまだに癒えない感情の象徴となります。

- マッチをすり、炎がつながりを断ち切るところを思い浮かべます。あなたを表すキャンドルに火を灯したら、相手を表すキャンドルにも火を灯して下さい。炎を見つめ、糸が燃えてつながりが消滅するのを見守ります。

- 糸を燃やしたのはどちらのキャンドルの炎で、糸が完全に燃えるまでに要した時間は短かったか、長かったか。そして、溶けた蝋の形から何が読み取れるかを確認してください（P.31）。それらを見れば、まだ執着しているのはどちらのほうかが、ある程度は見当がつくでしょう。

- 儀式が終わったら、残った物を家の外へ廃棄します。

短時間でできる保護の儀式

- まず、次のようなビジョンを思い描いて下さい。大きな球体があり、あなたはその中にいます。ポジティブなエネルギーだけがその球体を通して入ってきます。ネガティブなエネルギーは球体にはじかれて、あなたから遠ざかります。１日に２〜３分、そのビジョンを思い浮かべ、感じてみて下さい。

- 家の中または魔法の空間、屋外の自然環境などで、静かな場所を見つけます。背筋を伸ばして立ち、目を閉じて深く呼吸をして下さい。そして、金色の光が身体を満たすところを思い描きます。その光があなたを守り、あなたに自信を与えてくれるのを感じて下さい。

- 黒い色の石（オニキス、トルマリン、オブシディアンなど）を満月の光でチャージし、その石で保護をするという意図を設定します。その後、その石をいつも持ち歩くようにしましょう（ペンダントや指輪、ブレスレットなどにして身に着けられるような小さな石を選ぶと便利です）。

マニフェステーション（願望実現）

マニフェステーション（願望実現）とは、私たちが自分にふさわしいものやほしいもの、大切だと思うものを人生に引き寄せるテクニックです。今あるものに感謝をしながら豊かさのバイブレーションを感じ、求めるものとともにいる自分を思い浮かべ、あたかもそれが今の現実であるかのように感じ、その感覚を投影しながら行います。ベストなタイミングは満月の日で、エネルギーの出入り口と同期しやすいゾロ目の日です。例えば、8月8日や11月11日は非常にパワフルなエネルギーの扉に通じます。でも、そうした日付にはこだわらず、他の魔法がみなそうであるように、あなた自身が心で感じるタイミングに従って下さい。

マニフェステーションの方法はたくさんありますが、すべての基本は上に書いてあるとおりです。1つの方法をご紹介します。

- 満月の夜に、マッチで白いキャンドルに火をつけます。できれば、月の光が差す場所で行って下さい。
- 自分に意識を向け、呼吸も意識してリラックスします。願望実現は精神と宇宙に密接に関係しています。雑念を取り払って集中するために、焦らず、ゆっくりと時間をとって下さい。
- 白い紙に、あなたの願望を書きます。それがすでに実現したという形の文にして下さい。例えば「もっとお金を手に入れたい」ではなく「私には必要なお金があります」「私には必要なものがすべてそろっています」「私は豊かさの源です」というような文にします。あなたが心からそう思えるような、ポジティブな文にしましょう。
- 願望を紙に書き、しっかりと内面で感じられるようになったら、紙をキャンドルの炎で燃やします。煙が立ちのぼり、宇宙に送られるのを見守りましょう（必ず屋外または換気のよい場所で行って下さい）。

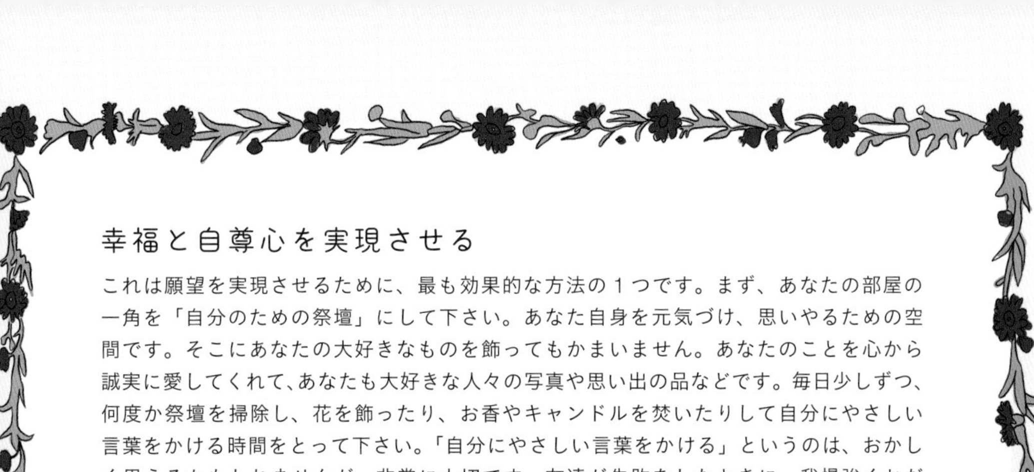

幸福と自尊心を実現させる

これは願望を実現させるために、最も効果的な方法の1つです。まず、あなたの部屋の一角を「自分のための祭壇」にして下さい。あなた自身を元気づけ、思いやるための空間です。そこにあなたの大好きなものを飾ってもかまいません。あなたのことを心から誠実に愛してくれて、あなたも大好きな人々の写真や思い出の品などです。毎日少しずつ、何度か祭壇を掃除し、花を飾ったり、お香やキャンドルを焚いたりして自分にやさしい言葉をかける時間をとって下さい。「自分にやさしい言葉をかける」というのは、おかしく思えるかもしれませんが、非常に大切です。友達が失敗をしたときに、我慢強くおだやかに接しているのと同じように、自分自身に話しかけて下さい。失敗をするたびに自分をとがめるのではなく、「失敗したけれど、大丈夫だよ。解決できるよ」と自分に語りかけるようにしていれば、自分との関係が徐々に改善していくのがわかるでしょう。

自分をやさしく思いやるためには、P.186「愛の儀式」を読み返して参考にして下さい。ただし、誰かの助けやセラピーが必要なときは、儀式に頼らず、援助を求めて下さい。この儀式はゆっくりと前に進んでいくための動機づけとサポートをするものです。

とても奥が深く、幅広い
魔法の世界をご紹介させてい
ただきました。これからも、あ
なたの興味のおもむくままに、こ
の素敵な世界を探索して下さい。
今はまだわからない、と感じるこ
とに目を向け、調べ続けてみまし
ょう。そして、あなたにぴったり
の魔法の道を、ご自身で見出
していただけますように。
CARLOTA SANTOS
（CARLOTYDES）
2022

Agradecimientos

謝辞

私の愛する人たちへ、すべての愛とサポートに感謝します。
私が私でいられて、心のままに行動できる場、
この本を書くことのような場を快く与えてくれて、ありがとう。

私に安心と愛をくれて、守ってくれたお母さんへ。
幼い頃からアートや神話や映画の不思議な世界を見せてくれて、
私の視野と創造と意識を広げてくれました。

自分の足で立って頑張ることと、広い心でいることの大切さを
教えてくれた、私のおばあちゃんのローザへ。

寛大さとやさしさをくれた、私のおじいちゃんのレスメスへ。
いつも私を驚かせるような感想やアイデアをくれたことを
なつかしく思います。

一生懸命に取り組むことと、どんなときにも、どんな人にも
ポジティブな面を見つけること（私はまだ学びの途中だけれど）の
大切さを教えてくれた、お父さんへ。

そして最後に、あなたは繊細すぎるとか、感情が激しすぎると
人に言われたことがある、すべての皆さまへ。
その中に自分の強さがあり、最大の力が眠っていることに、
どうぞ目を開いていただけますように。

Carlota

カルロッタ

Carlota Santos © Alexctiv.jpg

著者紹介

カルロッタ・サントス

スペイン在住のイラストレーター。2020年よりInstagram（@carlotydes）で、占星術に関するさまざまな題材について独自の感性とユーモアに溢れたイラストを公開。いきいきとした語り口で占星術の世界を伝え世界中でフォロワーを集め、絶大な人気を誇る。前作『うつくしい西洋占星術の世界』（Constelaciones:Guía ilustrada de astrología）はスペインでベストセラーとなり、アメリカ、フランス、イタリア、ドイツなど世界6か国で好評を博す。本書『Mágicas:Guía ilustrada de magia』は2冊目の著書。

本書内容に関するお問い合わせについて

このたびは翔泳社の書籍をお買い上げいただき、誠にありがとうございます。弊社では、読者の皆様からのお問い合わせに適切に対応させていただくため、以下のガイドラインへのご協力をお願い致しております。下記項目をお読みいただき、手順に従ってお問い合わせください。

●ご質問される前に
弊社Webサイトの「正誤表」をご参照ください。これまでに判明した正誤や追加情報を掲載しています。

正誤表　https://www.shoeisha.co.jp/book/errata/

●ご質問方法
弊社Webサイトの「書籍に関するお問い合わせ」をご利用ください。
書籍に関するお問い合わせ　https://www.shoeisha.co.jp/book/qa/

インターネットをご利用でない場合は、FAXまたは郵便にて、下記"翔泳社 愛読者サービスセンター"までお問い合わせください。
電話でのご質問は、お受けしておりません。

●回答について
回答は、ご質問いただいた手段によってご返事申し上げます。ご質問の内容によっては、回答に数日ないしはそれ以上の期間を要する場合があります。

●ご質問に際してのご注意
本書の対象を超えるもの、記述個所を特定されないもの、また読者固有の環境に起因するご質問等にはお答えできませんので、予めご了承ください。

●郵便物送付先およびFAX番号
送付先住所　〒160-0006　東京都新宿区舟町5
宛先　（株）翔泳社 愛読者サービスセンター
FAX番号　03-5362-3818

※本書に記載されたURL等は予告なく変更される場合があります。
※本書の出版にあたっては正確な記述につとめましたが、著者や出版社などのいずれも、本書の内容に対してなんらかの保証をするものではなく、内容やサンプルに基づくいかなる結果に関してもいっさいの責任を負いません。
※本書に記載されている会社名、製品名はそれぞれ各社の商標および登録商標です。

訳者紹介

シカ・マッケンジー

関西学院大学社会学部卒業。フリーランスの通訳者、翻訳者。ロサンゼルスで俳優活動後、東京俳優・映画＆放送専門学校勤務。2020年にフロリダ州認可単科大学 Barbara Brennan School of Healing プロフェッショナルスタディーズ課程修了。現 BHS ブレナンヒーリングサイエンスプラクティショナー。陸上自衛隊予備自衛官。文化庁日本文学普及事業作品『The Tokyo Zodiac Murders』（英訳、共訳）、フィルムアート社『ヒロインの旅』（M・マードック著、2017）『クリエイターのための占星術』（C・ケナー、2015）の他、手掛けた翻訳書は多数。占星術やタロットを使用した演技指導や脚本執筆のアドバイスも行う。

デザイン　近藤みどり
編集　二橋彩乃

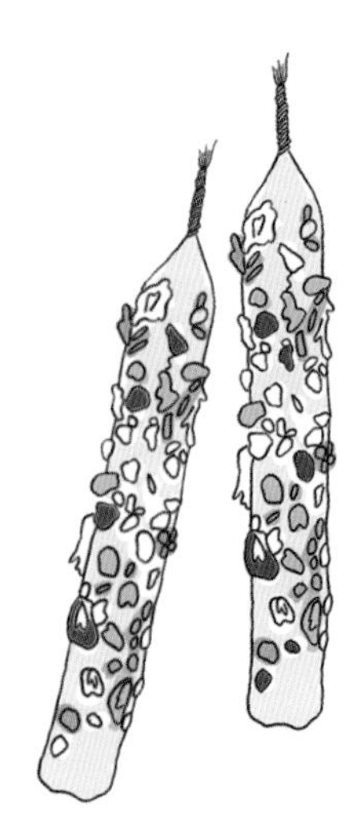

うつくしい魔法の世界

占星術、タロット、魔女の儀式から
多神教の祝祭まで

2023年11月22日 初版第1刷発行
2024年 7月20日 初版第2刷発行

著者　カルロッタ・サントス
訳者　シカ・マッケンジー
発行人　佐々木 幹夫
発行所　株式会社 翔泳社（https://www.shoeisha.co.jp）
印刷・製本　株式会社 シナノ

本書へのお問い合わせについては、198ページに記載の内容をお読みください。

造本には細心の注意を払っておりますが、万一、乱丁（ページの順序違い）や落丁（ページ の抜け）がございましたら、お取り替えいたします。03-5362-3705 までご連絡ください。

ISBN 978-4-7981-8255-1
Printed in Japan